李其展教你
搞懂經濟
再投資

李其展（大佛）◎著

第1章 認識指標

第2章 債市攻略

目錄

從關鍵數據
掌握股匯市多空發展

　　2024 年，台灣股市正式突破 2 萬點歷史新高，全市場譁然。大佛的新書，早已暗藏股市的關鍵密碼！

　　1992 年美國總統大選，當時初出茅廬的阿肯色州州長柯林頓（Bill Clinton），面對的是剛打贏波斯灣戰爭、聲勢如日中天、準備拼連任的老布希（George H. W. Bush）總統，柯林頓靠著這句歷久不衰的至理名言：「笨蛋，問題在經濟！（It's the economy, stupid!）」不僅讓他順利入主白宮，短短 2 年美國經濟一片榮景，6 年內財政轉虧為盈，美國道瓊指數從 4,000 點一路飆漲到 1 萬 8,000 點，替投資人創造驚人的利潤。

　　2022 年，我正式接手主持全國知名度最高的財經節目《錢線百分百》，收視率壓力極大，面對當時台股在短

短1個月跌了3,000多點，心裡更慌，我急著請益一位國內重量級的財經大老，他信心滿滿地說：「台股別擔心，明年上萬八，後年攻2萬。」我半信半疑，大老說：「不用懷疑，重點在經濟！」

果然，2024年3月8日，台股一開盤，台積電（2330）跳空開高推升大盤指數飛越2萬點大關，為台灣股市寫下新的里程碑！

這一天，我同時收到大佛的新書，教大家「搞懂經濟再投資」，太有意思了！我細讀新書，再回頭觀察這一段台股的驚奇之旅，原來書裡的重要數據，早已預告了全球股匯市的多空發展。

大佛是《錢線百分百》節目多年來固定來賓，小編們私下叫他「結論哥」，因為大佛一上台總會說「首先告訴大家結論」，先給結論、再講邏輯，觀點精闢、論述俐落，不拖泥帶水不模稜兩可，觀眾就愛他這味兒！相較於螢光幕前精闢的剖析，我更喜歡每週和大佛討論議題的過程，雄厚的總體經濟學底子，無論討論什麼議題，

總能引領出更宏觀的視野。小編們誇大佛:「很有自信,有點臭屁,有點神準!」而我認為:「因為有底氣,所以不費力。」

我喜歡這本書製作的大量圖卡,把文字轉成圖並賦予連結,讓生僻的詞彙或難懂概念都能印象深刻;我喜歡這本書手把手的教學,教你如何查詢重要數據,哪些步驟、相關連結,鉅細靡遺;我喜歡這本書每個章節的「大佛總結」,不僅有大佛對數據的獨到見解,更教你如何將指標運用在投資市場。

市面上投資理財的書本琳瑯滿目,但像大佛這般,從研究美國經濟開始,應用在股市、貨幣、債市投資,他勾勒的很精彩,值得收藏!

非凡電視台主播暨主持人

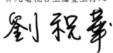

調整資產配置關鍵時刻
先從了解經濟著手

　　在我擬定寫作方向時，國際市場正好受到美國準備進入降息循環的影響，是追求長期穩定收益與短期價差獲利的投資朋友，調整資產配置的關鍵時刻。不管是在 Facebook 粉絲頁上或講座當中，都很常有朋友提問，「現在是否就是買進美債的絕佳時刻？」「如果美國降息了，美元還能買嗎？」「股市有沒有轉折的跡象？」

　　雖然我可以在現場解答給大家，但我想，如果能透過這本書，提供一個系統化的整理與實戰教學，對投資朋友的幫助應該能更明確。所以在規畫這本書時，特別從經濟數據面出發，配合美元、美債、投資等級債、非投資等級債與主要非美貨幣等重要商品的特性，希望能幫助大家預先了解，在投資過程中，如何能夠盡可能減少投資風險與增加獲利機會。

我將本書分為 4 大部分,分別是國際主要經濟數據的解讀方式、債市投資重點、影響美元趨勢關鍵,以及各主要貨幣投資方式,讓大家可以循序漸進了解市場出現變化的時刻,且如何應對。

本書還有 5 大特點,如下:

1. 國際市場視角:由於美國貨幣政策與美元走勢會直接衝擊全球股匯債市,因此我需要了解聯準會(Fed)如何觀察經濟趨勢,透過重要數據的變化先抓出金融市場的反映,再確認是否開始改變趨勢,最後研判貨幣政策轉折點何時出現。

2. 債市投資重點解析:在美國公債價格大幅下跌而產生明顯的價差獲利空間後,許多投資人湧入相關商品後才發現績效不如預期,所以我先從最重要的影響因素切入,讓投資人可以掌握大方向。

3. 依風險來尋找債券商品:每個投資人會受到年齡、職業、資產規模與風險承受度而有不同的需求,如果誤

以為投資債券就是穩收票息，或是能對沖股市風險，在市場動盪時恐怕會遭受到意外損失；所以我會直接依照不同的投資屬性，替大家篩選出較合理的商品，至少先幫助投資朋友控制風險。

4. 美元與主要貨幣重點解析：面對貨幣政策即將出現轉折，美元、新台幣、歐元、日圓、人民幣與高息貨幣是否也會有新趨勢？影響各貨幣的關鍵因素，我將一次告訴你。

5. 實戰走勢分享與介紹：本書提到如何研判美元趨勢變化時，特別收錄部分我先前在《經濟日報》數位版所發表的專欄文章，希望透過事前對於市場的判斷，實戰所需的策略與事後走勢的對照，讓大家了解未來若出現類似變化時，可以如何設定合理的操作策略。

透過研讀經濟數據來了解市場波動的因素與趨勢，是一條成效較慢卻能大幅提高穩定獲利機會的路，相當適合剛起步，以及想學習如何應對趨勢變化的投資朋友。即使是具有短線操作經驗的老手，也可以配合本書內容

來制定穩定收益策略，進而有利於減少資產的波動幅度。
預祝所有的讀者都能提高投資績效，一起獲利滿滿唷！

李其展

第1章

認識指標

1-1 看懂美國經濟指標 掌握全球市場脈動

自從新冠肺炎疫情過後,美國自 2022 年初開始的升息循環衝擊了全球的金融市場。根據我的觀察,愈來愈多投資人都開始留意總體經濟數據帶來的影響,但是看相關新聞報導或分析文章時卻還是一知半解,原因就在於尚未有系統地了解各種不同的經濟指標,會如何造成商品價格的波動。

那麼,該從哪些經濟指標開始看起?又該怎麼運用?只要掌握最重要的 5 大經濟指標(實質 GDP 年增率、零售銷售、物價指數、ISM 製造業 PMI、就業市場數據),大概就能具備基礎的判斷功力。

由於目前的全球經濟體系幾乎可以說是圍繞著美元打轉,美國也藉由美元、美債與貨幣政策,控制著金融市

圖1 美國貨幣政策與美元匯價影響全球資本流動
影響全球金融循環3大因素及關係圖

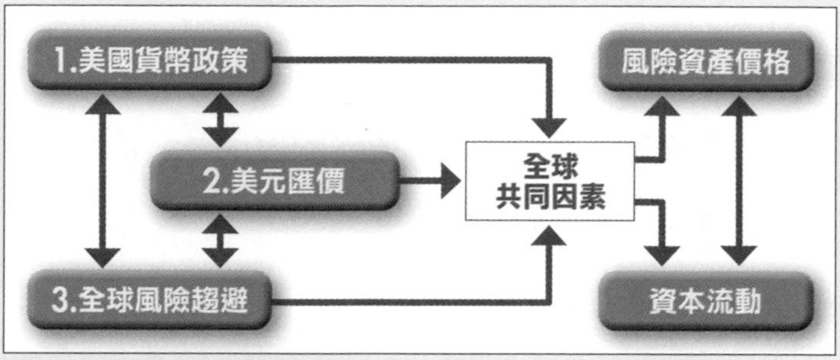

```
1.美國貨幣政策          風險資產價格

     2.美元匯價    →    全球
                      共同因素

3.全球風險趨避          資本流動
```

資料來源：歐洲央行、台灣央行

場，若是希望可以花最少的時間獲得最大的效益，從研究美國相關的經濟指標或影響是最快的一條路。因此，本書中選用的經濟指標會以美國為主，也會提到大家最熟悉的台灣市場重要指標。後續如有更多時間，可再進一步研究其他大型市場指標。

台灣中央銀行（簡稱央行）發布的 2022 年央行年報，也清楚說明了「美國貨幣政策」、「美元匯價」與「全球風險趨避行為」，這 3 者產生的作用，影響著熱錢與風險資產價格變化（詳見圖 1）。

從圖 1 左側可以看到有 3 股力量，分別是美國貨幣政策、美元匯價與風險趨避，箭頭的方向都是雙向，代表這 3 大因素會互相影響。例如當美國持續升息時可能提振美元匯價，當美元強勢走升時又會造成投資人追逐買入，而熱錢湧入美元達到抗通膨的效果後，貨幣政策又開始準備轉向……等種種變化。

而這 3 大因素交互作用後成為全球共同因素，進一步影響了全球的風險資產價格與資本流動，但大家也可以發現，圖 1 從左側 3 大因素轉向到右側影響金融市場的箭頭就是單向的，也可視為美國以外的市場變化不會是影響美國政策的主因。

美國貨幣政策主導全球金融循環

如果用 2022 年～ 2023 年美國升息循環來對照的話，大概就會像是在通膨升高推動聯準會（Fed）升息後，美國公債價格開始下跌、殖利率升高，將資金從風險較高的股市收回到債市與金融機構，也將全球熱錢吸引至美元，推動了美元匯價走高，進一步推動其他貨幣走貶與

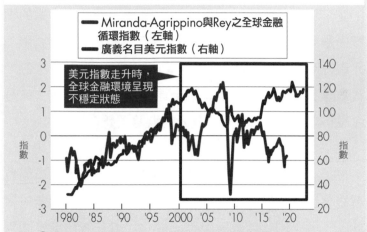

圖2　全球金融循環指數與美元指數多呈負相關

全球金融循環指數vs.美元指數

— Miranda-Agrippino與Rey之全球金融
　循環指數（左軸）
— 廣義名目美元指數（右軸）

美元指數走升時，
全球金融環境呈現
不穩定狀態

註：「Miranda-Agrippino 與 Rey 之全球金融循環指數（Global financial cycle
　　index）」指北美、拉丁美洲、歐洲和亞太地區含澳洲市場的股票、公司債、
　　大宗商品價格動態因子模型中的共同全球因子
資料來源：〈THE GLOBAL DOLLAR CYCLE〉Obstfeld and Zhou、台灣央行

熱錢離開新興市場。

　　所以我們可以將美國的貨幣政策視為直接影響全球金
融環境的主要因素，我相當認同台灣央行研究中所下的
一個結論──美國貨幣政策主導著全球金融循環，也就
是透過「數量」（美元在全球大量流通）與「價格」（控

制利率及匯率）這 2 種管道，來影響全球其他市場。

　　從 2000 年至今，美元指數與全球金融循環指數的相關係數為負的 0.54，也就是説兩者為負相關。當國際美元走升時，全球金融循環下降（詳見圖 2）；反之亦然，代表美元走升時，可能導致全球金融市場不穩定，或是金融市場不穩定時，會有美元的避險買盤在。

　　在美國自 2022 年開啟升息循環後，全球金融市場也就跟著震盪下跌，甚至出現了罕見的股債齊跌現象。因此，了解美國貨幣政策與美元變化，會是我們踏進國際投資市場時很好的第一步。

指標1》實質GDP年增率牽動股市走向

要觀察國家的經濟表現,需要一個可以衡量與比較整體經濟成長幅度的工具,而被公認為最重要的指標就是「國內生產毛額」(Gross Domestic Product,GDP)亦稱「國內生產總值」或「本地生產總值」。

GDP 是指位於該國所有生產機構整體生產成果的市場價值,不論是由本國人或外國人經營,其生產成果都列入 GDP 的計算。

如果把國家比喻成一家企業,GDP 總額大概就是公司總營收的項目;如果把國家比喻成一個人,則 GDP 總額大約就是年收入的概念。

所以看到 GDP 出現變化,我們可以先掌握一大重點

──只要 GDP 總額增加，就是一個利多消息，細項可以慢慢再看；但只要 GDP 總額減少，除非細項有特別驚人的改善，不然就是一個壞消息。

由於經濟活動是一個循環，生產的結果在分配之後成為人民的所得，所得又會再用於消費與生產，因此 GDP 可以從 3 種面向去計算，分別是支出（需求）面、生產（供給）面、分配（所得）面（詳見圖 1）。理論上 3 種計算結果都會相等，也就是所謂的三面等價，但也因為用來編算的各種數據來源並不相同，通常會有各自的誤差，實務上會有統計差異的問題。

在上述 3 種 GDP 計算方式中，以「支出面」的應用最為普遍，也就是「GDP ＝民間消費＋資本形成＋政府支出＋淨出口」，這 4 個項目分別簡單說明如下：

1. 民間消費：包含食品飲料、服飾、水電瓦斯、家具、醫療、通訊……等日常支出。

2. 資本形成：為了持續性生產而新增的投資支出，例

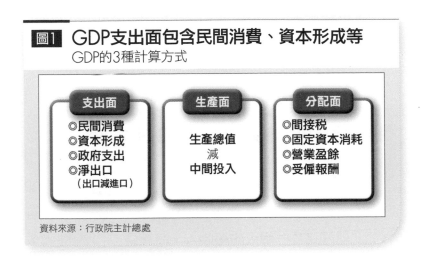

如企業蓋廠房或新購入生產設備；運輸業者購置新車、新船、新飛機……等。

3. **政府支出**：又稱為政府消費，包括政府機關用於教育、基礎建設、醫療、社會福利、公務員薪資……等支出，代表著政府每年用於公共支出的規模。

4. **淨出口**：指該國的出口金額減去進口金額後的淨額。當出口大於進口，就有利於 GDP 的增加；反之，則會使 GDP 減少。

　　世界主要國家如美國、德國、日本及台灣皆先公布支出面的統計結果，本篇內容也會以支出面的計算方式為討論重點。

經濟成長率大多是指「**實質GDP年增率**」

　　GDP 一般會分成 2 種方式呈現，分別是名目 GDP（Nominal GDP）、實質 GDP（Real GDP）。名目 GDP 就好比是一個人的總收入，而實質 GDP 就是總收入真正可以買到商品的價值，也就把物價變化的影響考慮進來，兩者中間的差額便是「GDP 平減指數」（名目 GDP 相對於實質 GDP 的比率）。

　　GDP 平減指數並不等於通膨（一般用 CPI 代表）。前面提過，GDP 以支出面的計算方式是「民間消費＋資本形成＋政府支出＋淨出口」，正常情況下，通膨主要反映在民間消費這一項，與資本形成與政府支出的方向不同，因此可別把兩者混為一談了。

　　各國政府通常都會設定以某年的購買力為標準，以美

國為例的話，目前實質 GDP 以 2017 年為基準，按慣例每隔 5 年就會調整一次基期，同時也有可能新增或縮減會計項目，進而影響市場對於未來經濟成長的預期。

「經濟成長率」指的通常是實質 GDP 年增率，也就是跟去年相比的成長率，年增率的英文簡寫為 YoY（Year on Year）。有些情況則會採取季增率（QoQ）、月增率（MoM）或季增年率（saar，經季節調整之季增率並折算為年率），因此在觀察不同國家的經濟成長率數據時，務必要用相同的比較基準來檢視才準確。

民間消費是台灣經濟成長主要推手

我們先來看看「台灣」，從 2000 年至 2022 年期間的各年度經濟成長率（詳見圖 2），以及台灣的 GDP 組成結構。

從 GDP 年增率來看，過去 23 年來，台灣只有 2 年的經濟是負成長，算得上是一個穩定發展的經濟體，也因此可以吸引各國資金湧入台灣投資。

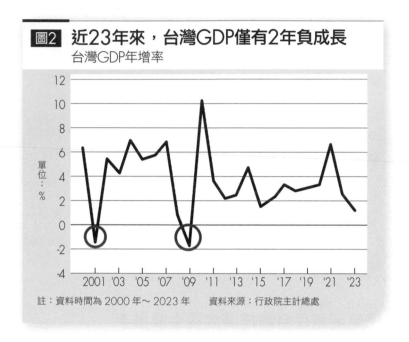

圖2 近23年來，台灣GDP僅有2年負成長

台灣GDP年增率

註：資料時間為 2000 年～ 2023 年　　資料來源：行政院主計總處

2023 年以新台幣計價的名目 GDP 來到 23 兆 5,509 億元，其中民間消費約 11 兆 4,565 億元、政府支出約 3 兆 2,229 億元、資本形成約 5 兆 8,449 億元、淨出口約 3 兆 266 億元。

從 GDP 組成結構來看，台灣經濟成長最重要的推手一直是「民間消費」，早年曾高達 60% 以上，2003 年後

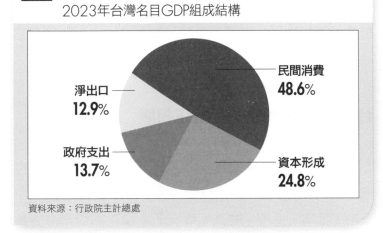

圖3 2023年台灣民間消費占GDP達48.6%
2023年台灣名目GDP組成結構

- 民間消費 **48.6%**
- 淨出口 **12.9%**
- 政府支出 **13.7%**
- 資本形成 **24.8%**

資料來源：行政院主計總處

占比逐漸下滑；然而根據 2023 年的數據顯示，民間消費占台灣整體 GDP 的 48.6%（詳見圖3），仍為占比最高的項目。

占台灣 GDP 比重第 2 大的是資本形成，2023 年度占比 24.8%，而過去 20 年也大多位於 20%～25% 之間。這個項目占比愈高，代表民間投資對經濟成長的貢獻愈高；政府支出占比則位居第 3，2023 年度占 13.7%，過去 20 年也都不到 20%。

「淨出口」是出口金額減去進口金額，此項目占台灣 GDP 比重雖敬陪末座，例如 2023 年度僅占 12.9%，但若是單純看出口總額，金額可是高達約 14 兆 9,180 億元，出口產業在台灣實在占有極為重要的地位。

台、美GDP與股市多呈正相關

我們應該要如何以 GDP 為指標，尋找好的投資商品與機會呢？以國家為單位的投資商品，一般可以分為 3 類：股市、匯市、債市。在正常情況下，GDP 對股市影響最大，匯市次之，而債市約等於匯市。

台灣是較小的區域型市場，經濟是否穩定成長對於投資者的信心非常重要；如果我們將眼光放到全球最大的經濟體──美國，也不難發現美國的經濟表現與股市變化密不可分。

2023 年美國實質 GDP 總額來到 22 兆 3,700 億美元，其中民間消費約 15 兆 4,200 億美元，資本形成約 4 兆 500 億美元，政府支出約 3 兆 8,100 億美元，淨

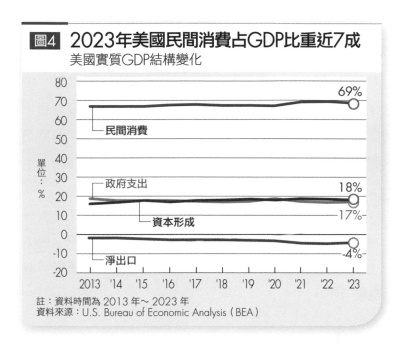

圖4 **2023年美國民間消費占GDP比重近7成**
美國實質GDP結構變化

註：資料時間為 2013 年～ 2023 年
資料來源：U.S. Bureau of Economic Analysis（BEA）

出口約負 9,200 億美元。從比率上來看，民間消費就占了 69%，近乎 7 成的經濟規模，這也是為何我們在研究美國經濟時，會如此重視美國零售銷售的成長性（詳見圖 4）。而占比第 2、第 3 的是資本形成、政府支出，各占 18%、17%，其中，資本形成的占比在近年有超越政府支出的趨勢，在高利率的環境下，還能有這麼高的投資表現實在不容易。

看懂 GDP 結構的占比之後，我們便能了解所謂政策變化與經濟成長之間的連動相關性。以台灣來說，台灣雖然民間消費占比 48.6% 位居首位，但單看出口金額，卻是明顯高於民間消費，所以台灣政府的政策主要會拼出口，也會鼓勵民間企業投資。美國的經濟結構則明顯是民間消費撐起一片天，所以美國政府會拼民間消費。

接下來，可以觀察美國長線的經濟成長變化。由於美國每一季公布的 GDP 成長率主要是以「季增年率」的方式表達，若直接看此數據的長期走勢，波動較為劇烈（詳見圖 5）。

為了方便比較，我們採取跟台灣一樣的「各季度與去年同期比較」的 YoY（GDP 年增率），並與美國道瓊工業平均指數（簡稱道瓊指數）走勢放在一起對照，分別查看最近 2 次景氣衰退期間的股市變化（詳見圖 6）：

1.金融海嘯：景氣衰退期間美股落底

先看 2008 年金融海嘯時期，當時美國的景氣衰退期間 2008 年第 4 季至 2009 年第 3 季，總共 4 季的時間，

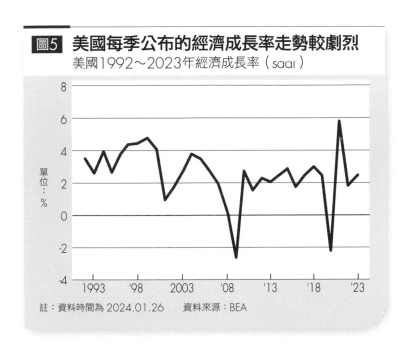

圖5 **美國每季公布的經濟成長率走勢較劇烈**
美國1992～2023年經濟成長率（saar）

註：資料時間為 2024.01.26　　資料來源：BEA

衰退最嚴重的 2 季是 2009 年的第 1 季和第 2 季，而道瓊指數的低點正好就在 2009 年第 1 季的 6,470 點。

2.新冠肺炎：景氣大衰退，美股加速落底

　　而離我們更近一點的經濟衰退時期，則是落在新冠肺炎疫情大爆發的 2020 年第 2 季至第 4 季，從圖 7 可以觀察到，美股 S&P 500 指數的低點落在 2020 年 3 月

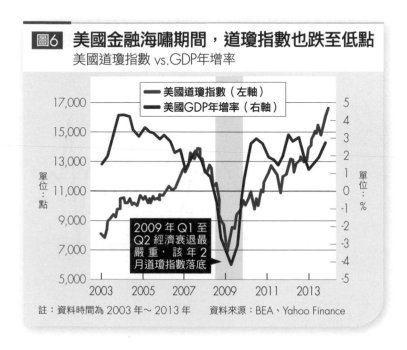

圖6 美國金融海嘯期間，道瓊指數也跌至低點

美國道瓊指數 vs.GDP年增率

── 美國道瓊指數（左軸）
── 美國GDP年增率（右軸）

2009 年 Q1 至 Q2 經濟衰退最嚴重，該 年 2 月道瓊指數落底

單位：點

單位：%

2003　　2005　　2007　　2009　　2011　　2013

註：資料時間為 2003 年～ 2013 年　　資料來源：BEA、Yahoo Finance

的最後 1 週，在整個景氣快速探底時，股市也出現了下殺的賣壓。

從這 2 次的經驗中可以發現，當美國出現大型經濟衰退時，股市會以驚人的速度落底，不過當股市開始反彈後，景氣還會持續衰退一段時間。喜好逆勢投資的人，若做好資金規畫，都可以在這段期間，掌握不錯的進場

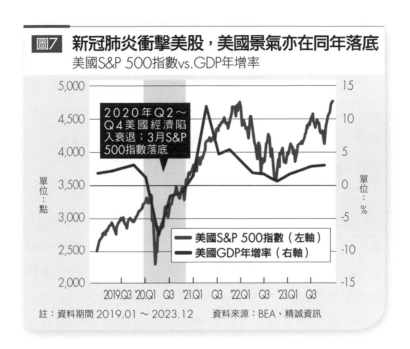

圖7 **新冠肺炎衝擊美股，美國景氣亦在同年落底**

美國S&P 500指數vs.GDP年增率

2020年Q2～Q4美國經濟陷入衰退；3月S&P 500指數落底

美國S&P 500指數（左軸）
美國GDP年增率（右軸）

單位：點

單位：%

註：資料期間 2019.01～2023.12　　資料來源：BEA、精誠資訊

布局機會。

GDP指標不適用於預測中國股市

但並非抓住一個 GDP 數據就可以在全世界暢行無阻，有些市場與經濟成長率走勢並無直接關聯，最明顯的例子就近在眼前，中國股市便是一個特別的存在。

我們一樣直接對照中國的「上海證券綜合指數（簡稱上證指數）」與「GDP 年增率」（詳見圖 8）。首先，別太驚訝中國能夠保持這麼多年的高經濟成長率，從 1998 年至 2013 年都沒有低於 7% 以下，過去的「中國夢」不是沒有根據就出現的，但在仔細對照後就可以知道其不合理之處。

自 1998 年以來，上證指數大略可以分成 4 個階段上漲：第 1 階段是 1998 年至 2001 年；修正結束後開啟了 2005 年至 2008 年的第 2 階段，隨之而來的金融海嘯重擊了股市；第 3 階段的上漲則發生在 2009 年至 2010 年；第 4 階段上漲則是在 2014 年至 2015 年，接下來都陷入盤整格局。

中國 GDP 年增率從 1998 年至 2007 年之間幾乎每年都持續進步，只有在 2007 年達到巔峰後才回到個位數的增長，然而股市卻沒有反映這個全球經濟的成長引擎。上證指數從 2001 年的高點 2,245 點一路下跌，在 2005 年最低來到腰斬以下的 998 點，這段期間的 GDP 年增率甚至超過 10%，但卻無法推動股市上揚。

圖8 中國上證指數與GDP年增率相關性低

中國上證指數

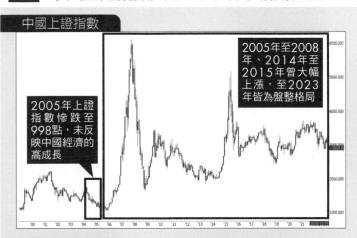

2005年上證指數慘跌至998點，未反映中國經濟的高成長

2005年至2008年、2014年至2015年曾大幅上漲，至2023年皆為盤整格局

中國GDP年增率

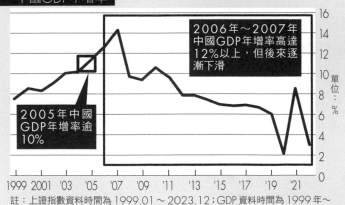

2006年～2007年中國GDP年增率高達12%以上，但後來逐漸下滑

2005年中國GDP年增率逾10%

註：上證指數資料時間為1999.01～2023.12；GDP資料時間為1999年～2022年
資料來源：世界銀行、精誠資訊

原因可能是 2007 年的泡沫太大，導致一般投資人對於股市失去信心，而沒有新的動力投入以推動上漲；也可能是因為房價上漲速度太快，剝奪了散戶的資金以及心力，錢都拿去繳房貸了，哪有錢炒股票？

這告訴我們一個重點，只要知道一件事就足以大幅降低投資失利的可能性，那就是認清真正影響市場多空關鍵的因素，而其他的資訊反過來會是干擾投資的雜訊。

當然，我們也不能忽略 2007 年上證指數曾經衝到 6,123 點的投資機會，但如果要以歷史重演的角度來看，2006 年與 2007 年中國 GDP 年增率都超過 12%，這樣的發展速度要在現今的中國再次重現，是不大可能發生的。

另外，經濟成長速度雖然一路下降，但依然有後續 2 次的股市大漲熱潮，所以未來推動股市再一波衝高的關鍵，很可能不是經濟成長速度。

GDP 是一個國家經濟最重要的指標之一，通常會以「實

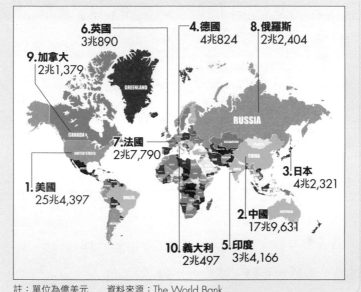

圖9 美國為全球最大經濟體，GDP高居世界第1

2022年全球排名前10大名目GDP國家

6.英國
3兆890

4.德國
4兆824

8.俄羅斯
2兆2,404

9.加拿大
2兆1,379

7.法國
2兆7,790

3.日本
4兆2,321

1.美國
25兆4,397

2.中國
17兆9,631

10.義大利
2兆497

5.印度
3兆4,166

註：單位為億美元　　資料來源：The World Bank

質GDP的年增率」為主要參考依據，對於股市影響較大，對匯市與債市影響較低。區域型市場需要外來資金，因此當經濟成長快速且穩定時，對股市、匯市皆是利多。

　　全球型市場尤其是美國（詳見圖9），經濟成長對股

表1 **透過行政院主計總處網站查詢台灣GDP數據**
主要國家GDP查詢方式

國家	GDP公布單位	參考網址
台 灣	行政院主計總處	www.dgbas.gov.tw
美 國	美國商務部經濟分析局（U.S. Bureau of Economic Analysis）	www.bea.gov
中 國	中國國家統計局	www.stats.gov.cn
歐元區	歐盟統計局（Eurostat）	ec.europa.eu/eurostat
日 本	日本內閣府	www.esri.cao.go.jp/jp/sna/menu.html

市有利，但對匯率表現則未必（欲查詢 GDP 數據，詳見表 1、圖解教學❶、圖解教學❷）。

圖解教學❶ 查詢台灣GDP年增率

台灣GDP年增率公布時間為每季結束後第1個月（1月、4月、7月、10月）月底前。若要查詢，首先進入行政院主計總處網站（www.dgbas.gov.tw），在首頁左下方可看到最新公布的❶「經濟成長率（YoY）」數據，再直接點選。

進入下一個頁面後，點選❶「詳細資料」。

經濟成長率

指標	數值	相關圖表請至統計資料庫
經濟成長率(yoy)(%)	4.93　[112年第4季初步統計]	↗
經濟成長率(saar)(%)	9.70　[112年第4季初步統計]	↗
經濟成長率(saqr)(%)	2.34　[112年第4季初步統計]	↗
經濟成長率(yoy)(%)	1.31　[112年初步統計]	
經濟成長率(yoy)(%)	3.43　[113年預測]	
名目GDP(百萬元)	24,861,514　[113年預測]	
平均每人GDP(美元)	33,783　[113年預測]	
平均每人GNI(美元)	34,745　[113年預測]	

詳細資料❶

註：概估統計數據因無細項資料，故統計資料庫未配合更新

接續下頁

STEP 3　進入下一個頁面後，可看到新聞稿列表，以❶該篇新聞稿為例，於2024年2月29日發布，並公布2023年經濟成長率與2024年預測。若欲查看詳細數據，直接點選後進入下一個頁面，在「表3-3國內生產毛額依支出分——連鎖實質成長率（對上年同期，YoY）」右側點選❷「Excel」。

新聞稿

標題	發布日期	資料類別	單位
❶ 112年第4季經濟成長率saar為9.70%，yoy為4.93%，全年成長1.31%；預測113年成長3.43%	113-02-29	國民所得	綜合統計處
112年第4季經濟成長率概估統計saar為8.79%，yoy為5.12%	113-01-31	國民所得	綜合統計處
112年第3季經濟成長率saar為7.81%，yoy為2.32%；預測112及113年成長1.42%及3.35%	112-11-28	國民所得	綜合統計處
112年第3季經濟成長率概估統計saar為10.47%，yoy為2.32%	112-10-31	國民所得	綜合統計處
112年第2季經濟成長率saar為5.62%，yoy為1.36%；預測112年與113年分	112-08-	國民所得	綜合統計

▼

　　行政院主計總處國民所得統計評審會於本(29)日下午2點召開，審議112年第3季國民所得統計修正、第4季初步統計，以及113年預測等案，主要結果如下：

一、112年第4季初步統計經濟成長率為4.93%，較113年1月概估數下修0.19個百分點；第3季經濟成長率修正為2.15%(原統計為2.32%)。

二、併計112年上半年(第1、2季)經濟成長率分別為-3.49%、1.41%，112年全年經濟成長率1.31%，較113年1月概估數1.40%下修0.09個百分點；每人GDP 3萬2,327美元，CPI上漲2.49%。

三、預測113年經濟成長率3.43%，較112年11月預測3.35%上修0.08個百分點；每人GDP 3萬3,783美元，CPI上漲1.85%。

新聞稿本文 (PDF) (WORD) (ODF)　記者會影音
本文及附表電子檔下載 (PDF)

【附表】

- 表1-1 GDP及經濟成長率 (EXCEL) (ODF)
- 表1-2 GDP、GNI及NI (EXCEL) (ODF)
- 表 2 各類物價變動 (EXCEL) (ODF)
- 表3-1 國內生產毛額依支出分－名目金額 (EXCEL) (ODF)
- 表3-2 國內生產毛額依支出分－按名目金額計算分配比 (EXCEL) (ODF) ❷
- 表3-3 國內生產毛額依支出分－連鎖實質成長率(對上年同期, yoy) (EXCEL) (ODF)
- 表3-4 國內生產毛額依支出分－對yoy經濟成長率之貢獻 (EXCEL) (ODF)

STEP 4

下載檔案後，打開即可看到數據：2022年經濟成長率 YoY為❶「2.59%」、2023年為❷「1.31%」、2024 年預測值❸「3.43%」。

	A	B	C	D	E	F	G	H	I
								表3-3　國內生產毛額—依支出分		
							連鎖實質成長率(對上年同期，yoy)		
1									
2									
3									
4	年(季)別	經濟成長率	小計	民間消費	政府消費	國內需求			
5						固定資本形成			
6							民間	公營	政府
7	103年	4.72	4.33	3.70	3.78	3.50	5.48	5.20	-8.33
8	104年	1.47	2.30	2.86	-0.13	2.68	4.28	-7.07	-2.99
9	105年	2.17	2.58	2.64	3.68	3.44	4.08	-3.89	1.75
10	106年	3.31	1.34	2.70	-0.41	-0.26	0.51	-1.16	5.82
11	107年	2.79	3.55	2.05	4.02	3.19	2.45	14.23	3.78
12	108年	3.06	3.24	2.25	0.55	11.12	12.03	1.63	9.18
13	109年	3.39	0.84	-2.55	2.78	6.15	4.87	28.87	5.80
14	110年	6.62	5.42	-0.25	3.81	14.32	18.73	5.37	-10.23
15	第1季	9.57	5.33	2.62	4.81	12.87	14.64	32.72	-9.87
16	第2季	8.07	4.13	-0.58	2.08	13.13	18.75	-18.91	-8.45
17	第3季	4.15	5.96	-5.43	3.70	19.71	24.05	20.28	-10.92
18	第4季	5.12	6.17	2.39	4.55	11.52	17.28	4.80	-11.15
19	111年	❶ 2.59	4.24	3.75	4.83	7.78	7.71	12.74	6.01
20	第1季	3.84	3.16	0.67	0.16	8.84	9.43	5.59	4.92
21	第2季	3.48	6.28	3.38	7.96	11.42	11.22	35.04	2.92
22	第3季	3.98	4.62	7.77	3.41	5.65	4.28	27.40	8.14
23	第4季	-0.68	3.02	3.39	7.31	5.62	6.27	-3.84	7.27
24	112年(p)	❷ 1.31	1.17	8.32	0.88	-8.69	-11.60	10.48	5.30
25	第1季	-3.49	2.45	6.41	3.59	-2.64	-3.96	21.51	1.16
26	第2季	1.41	1.87	12.94	0.30	-7.55	-10.28	10.28	7.44
27	第3季(r)	2.15	0.50	9.28	0.08	-11.85	-13.97	-5.44	3.75
28	第4季(p)	4.93	-0.02	5.07	0.02	-12.24	-18.42	17.53	7.24
29	113年(f)	❸ 3.43	3.27	2.64	2.68	2.72	1.45	7.41	9.02
30	第1季(f)	5.92	1.13	3.90	1.68	-4.91	-6.88	4.59	10.72
31	第2季(f)	4.55	2.97	2.65	1.69	1.10	-0.95	14.08	9.15
32	第3季(f)	2.49	3.85	2.08	2.27	4.09	3.04	5.67	11.04
33	第4季(f)	1.14	5.01	1.98	4.65	10.93	12.70	5.38	6.64

(Q11 儲存格，fx)

資料來源：行政院主計總處

圖解教學❷　查詢美國GDP季度年增率

STEP 1

美國GDP季度年增率於季度結束後第1、2個月底前發布估計值，通常於80天內發布實際值。若要查詢，首先進入美國商務部經濟分析局網站（www.bea.gov），於首頁點選❶「Data」（數據），再點選❷「by Economic Accounts」（按經濟帳戶分類）。

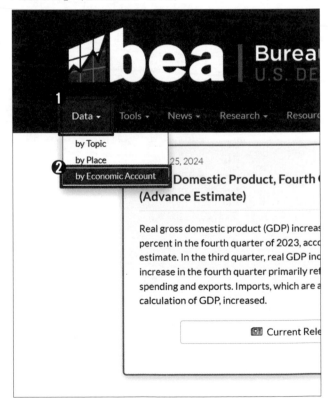

進入下一個頁面後，點選❶「National」（國家的）區塊，接著點選❷「Gross Domestic Product」（國內生產毛額）。

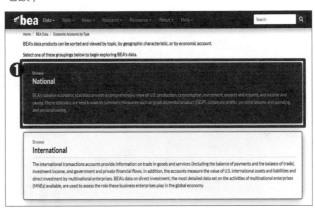

接續下頁

STEP
3

進入Gross Domestic Product網頁後，點選❶「Interactive Data」（互動式數據）的❷「GDP and the National Income and Product Account（NIPA）Historical Tables」（國內生產毛額及國民所得生產帳歷史表格）。進入下一頁面後，點選❸「Interactive Data Tables」（互動數據表格）。

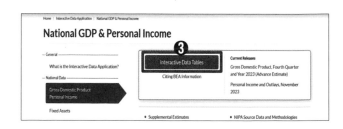

進入下一個頁面後，點選❶「Section 1」中的❷「Table 1.1.11. Real Gross Domestic Product：Percent Change From Quarter One Year Ago（國內生產毛額季度年增率）」，則會顯示載至目前公布最新的數據，❸第1列即為各季的GDP季度年增率（即各季度與去年同期比較的YoY數據）。

若要下載檔案，點選❹「Download」（下載），❺可選擇需要的檔案格式。

若想查看更久之前的歷史數據，點選❻「Modify」（調整），❼即可自行設定查詢區間（包含起始年度、結束年度、是否勾選所有年度），更新設定後點選❽「Refresh Table」（更新數據）即可。

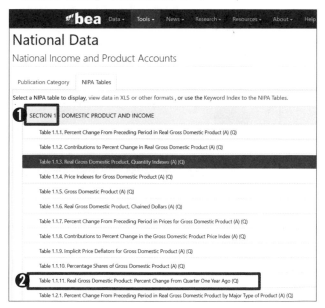

接續下頁

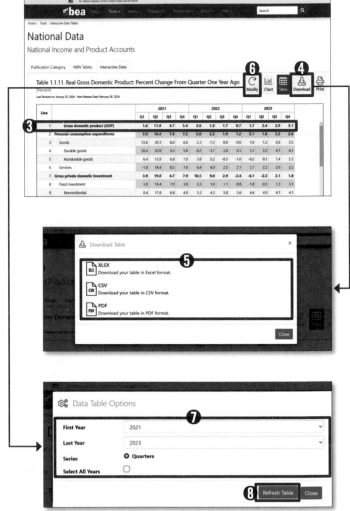

資料來源：U.S. Bureau of Economic Analysis（BEA）

指標2》零售銷售
連2月衰退為重大警訊

我們已經知道，美國「民間消費」占 GDP 比重最高，可說是人民的消費力左右著美國的經濟表現，接著就可以進一步從相關數據，去預測美國的經濟成長速度。

既然接近 7 成的美國 GDP 是由民間消費所創造的，因此當民間消費大幅增加，經濟成長率也會有明顯衝高的表現。而要怎麼提前知曉民間消費的力道？一定要認識一個非常重要的消費指標──「零售銷售」（Retail Sales）。

美國的零售銷售相關數據是由商務部人口普查局（U.S. Census Bureau）所統計公布，資料來源為各合法登記的零售企業所提供（詳見圖解教學❶）。為了抽樣的公平性，除了由企業自願回報參與之外，也可以強制企業提

供銷售數據。零售銷售報告主要分為 4 大項目：

1. 總零售銷售。
2. 除去汽車銷售的數據。
3. 汽車銷售數據。
4. 量販店銷售數據。

為什麼除了總零售銷售數據之外，還有另外 3 項數據呢？由於美國汽車銷售很容易受到季節性因素影響，且又占去接近 20% 的比重，所以也有人認為研究零售銷售時應剔除汽車銷售，會更加貼近整體社會需求。

而第 4 項的「量販店銷售數據」也有其重要性，量販店通常可以讓消費者在一個地點買齊各種所需物品，這個特色是其他商店辦不到的，加上在連鎖管理下的銷售數據通常相當精準，且其總額也固定占整體零售銷售數據 1 成以上的比率，因此也特別列出其變化以易於追蹤。

圖 1 是擷取自 2023 年 12 月零售銷售報告首頁資訊，圖中每月各有 4 項數據，各代表零售指標 4 大項目的月

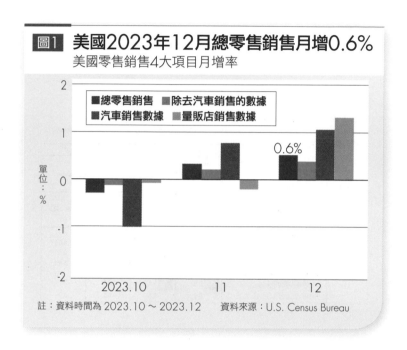

圖1　**美國2023年12月總零售銷售月增0.6%**
美國零售銷售4大項目月增率

■ 總零售銷售　■ 除去汽車銷售的數據
■ 汽車銷售數據　■ 量販店銷售數據

0.6%

單位：%

2023.10　　11　　12

註：資料時間為 2023.10 ～ 2023.12　　資料來源：U.S. Census Bureau

增率。可以看到 2023 年 12 月的總零售銷售月增率為 0.6%，意思是總零售銷售金額比 11 月成長了 0.6%。

零售銷售數據具備3大優點

在實務上，我們主要會看每月的「總零售銷售年增率」，也就是報告當中「Retail and Food Services」→

圖2 美國2023年12月總零售銷售年增5.6%
美國零售銷售報告摘錄

零售及食品飲料月銷售金額變化（按業務類型劃分）

Table 2. Estimated Change in Monthly Sales for Retail and Food Services, by Kind of Business
(Estimates are shown as percents and are based on data from the Advance Monthly Retail Trade Survey, Monthly Retail Trade Survey, and administrative records.)

NAICS code	Kind of Business	2023年12月		Percent Change[1]	
		Dec. 2023 Advance from --		Nov. 2023 Preliminary from --	
		Nov. 2023 (p)	Dec. 2022 (r)	Oct. 2023 (r)	Nov. 2022 (r)
	Retail & food services, total	0.6	5.6	0.3	4.0
	Total (excl. motor vehicle & parts)	0.4	4.5	0.2	3.4
	Total (excl. gasoline stations)	0.7	6.7	0.7	5.3
	Total (excl. motor vehicle & parts & gasoline stations)	0.6	5.8	0.6	5.1
	Retail	0.6	4.8	0.1	3.0

資料來源：U.S. Census Bureau

「Total」項目與去年相比的變化。例如 2024 年 1 月中旬取得的 2023 年 12 月零售銷售報告就顯示，美國總零售銷售年增率為 5.6%（詳見圖 2）。而當年增率為負值，代表比去年同月份衰退，陷入連續衰退時自然代表消費力道減弱，景氣衰退危機浮現。

像是美國的消費市場表現一直都很好，統計自 2006

圖3 零售銷售變化預告景氣榮枯
零售銷售與投資市場關係圖

年至 2023 年這 17 年的年增率資料中，竟然只有 18 個月陷入了衰退，全部都發生在金融海嘯與新冠肺炎疫情爆發期間。

因此我們可以知道，零售銷售是相當有影響力的數據（詳見圖 3），有以下 3 大優點：

1. 資料來源是由零售商提供，即時反映市場現況，通常相當準確。

2. 每個月的中旬在美國人口普查局網站公布，時效性高於多數的數據。

3. 投資人可以觀察各產業變化，從中找尋消費市場明確方向。

數據逐月公布，比GDP更快呈現景氣轉折

就以 2020 年新冠肺炎疫情大爆發這段期間為例，如果即時觀察零售銷售數據可以給我們什麼樣的幫助呢？

我們來比對 2020 年至 2021 年中，美國總零售銷售年增率、經濟成長率（實質 GDP 的年增率）走勢相當一致（詳見圖 4）。

但問題來了，每一季度的經濟成長率，都要等到該季度後 1 個月的月終才發布，雖然理應足夠應用，但如果可以提前知道轉折，豈不是很好嗎？而每月中旬公布的零售銷售年增率就具備了絕佳的時效性。

仔細看 2020 年疫情期間，2 個指標都呈現衰退。美國經濟成長率連續衰退的時期是從 2020 年第 2 季至 2020 年第 4 季，共計 3 個季度；而零售銷售年增率的

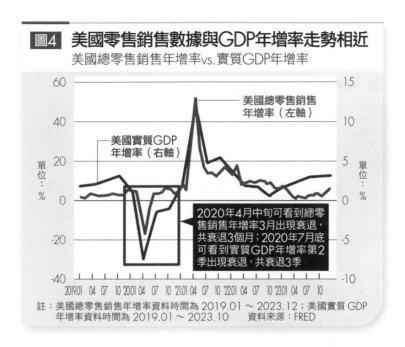

圖4　**美國零售銷售數據與GDP年增率走勢相近**
美國總零售銷售年增率vs.實質GDP年增率

美國總零售銷售年增率（左軸）

美國實質GDP年增率（右軸）

2020年4月中旬可看到總零售銷售年增率3月出現衰退，共衰退3個月；2020年7月底可看到實質GDP年增率第2季出現衰退，共衰退3季

單位：%

單位：%

2019.01　04　07　10　20.01　04　07　10　21.01　04　07　10　22.01　04　07　10　23.01　04　07　10

註：美國總零售銷售年增率資料時間為 2019.01 ～ 2023.12；美國實質 GDP
年增率資料時間為 2019.01 ～ 2023.10　　　　資料來源：FRED

衰退時間同年 3 月就出現，且持續到 5 月，共 3 個月。

此時「眉角」就出來了，正常情況下，我們會等到 2020 年 7 月底，才能得知 2020 年第 2 季經濟成長率是衰退的，但由於零售銷售會是逐月公布前 1 個月的資料，因此，觀察者會在 4 月中旬就能得知消費急速萎縮的情況，提前 3 個月預知狀況遠比想像中嚴重，你說對

投資是不是會有很大的幫助呢？

個人消費支出數據的即時影響較小

除了零售銷售，另外有一項值得大家注意但稍微落後市場的消費數據——個人消費支出（Personal Consumption Expenditures，PCE），這個數據更貼近一般民眾的日常生活（詳見圖解教學❷）。零售銷售與個人消費支出有2大不同點：

1.調查基礎不同
零售銷售的數據來源是由廠商回報，而個人消費支出是以家庭消費為樣本。

2.調查項目不同
零售銷售主要集中在於「商品銷售額」，但個人消費支出會包含了「商品與服務支出」，各種設施如水電費也包含其中。

由此可知，個人消費支出包含的內容更加廣泛，也更

能反映對經濟的影響。但由於它公布的時間都在月底，較其提早公布的大多數相關數據已經大略讓市場找到方向，除非變化過於龐大，否則產生的即時影響較小。

事實上，個人消費支出這個指標還有一個更重要的任務，就是作為聯準會（Fed）評估通膨程度的指標，我們會在 1-4 進一步介紹。

在這邊要提醒讀者一個重點，由於美國經濟結構與文化關係，要讓消費趨於萎縮並不是一件簡單的事，所以在這樣的極端情境下，前述的數據可以發揮很好的功效，但是如果一有滑落便視為警訊，很容易讓投資人誤判行情。同時由於每月都發布報告，所以也很容易出現季節性因素影響。

因此，若對於經濟現況較無把握的投資人，可以選擇在「總零售銷售年增率連 2 個月衰退」時，再作為經濟成長陷入困境的訊號，藉以降低失誤機會。

圖解教學❶ 查詢美國零售銷售報告

STEP 1

美國零售銷售報告約於每月中旬公布上月數字。若要查詢,首先進入美國商務部人口普查局網站(www.census.gov),點選上方功能列表❶「Surveys & Programs」(調查與計畫)後,將網頁下拉,於「All Surveys and Programs」(所有調查與計畫)分類中點選❷「Advance Monthly Sales for Retail and Food Services(MARTS)」(最新每月零售與食品服務銷售額)。

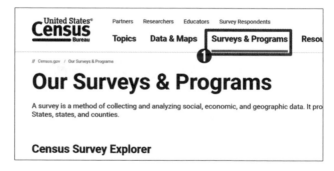

進入下一個頁面後,點選❶「Monthly Retail Sales」(最新月零售銷售),即可看到❷最新的報告摘要,網頁下拉也有❸完整報告可供下載。若想查詢歷史數據,可在左側點選❹「Time Series╱Trend Charts」(時間序列╱趨勢圖表)。

接續下頁

STEP 3 此處以查詢「2013年至今總零售銷售年增率變化」為例，設定步驟如下：

1.在「Select the report／survey from which you wish to retrieve data」下拉選單中，選擇❶「Advance Monthly Sales for Retail and Food Services」。

2.在「Select a date range」下拉選單中，選擇欲查詢的年份區間，此處為❷「2013年～2024年」。

3.在「Select one or more Industries or Categories（hold the "Ctrl" key to select multiple items）」選單中，點選❸「44X72：Retail Trade and Food Services」。

4.在「Select one Item」下拉選單中，選擇❹「Sales-Monthly」（月銷售額）。

5.「Select Geographical Level」選項已預設為❺「U.S. Total」美國，不須調整。

「Select as available」選項勾選❻「Seasonally Adjusted」（經季節調整）即可，此為排除季節性影響的數據。

最後點擊❼「GET DATA」，下方就會出現❽2013年至今的總零售銷售金額列表，即可查看過去的總零售銷售金額。

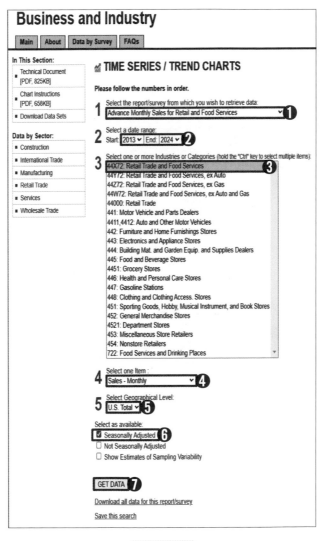

接續下頁

GET DATA

Download all data for this report/survey

Save this search

For the Advance Monthly Retail Trade Survey, estimates for the most recent month are advance estimates that are based on data from a subsample of firms from the larger Monthly Retail Trade Survey. The advance estimates will be superseded in following months by revised estimates derived from the larger Monthly Retail Trade Survey.

Release Date
January 17, 2024

For information on the reliability and use of the data, including important notes on estimation and sampling variance, seasonal adjustment, measures of sampling variability, and other information pertinent to this economic indicator, go to the Monthly Retail Trade website.

Estimated measures of sampling variability for totals are expressed as coefficients of variation (CV). Standard errors (SE) are provided for month-to-month change and ratio estimates.

Estimated measures of sampling variability are based on data not adjusted for seasonal variation, and should be used when drawing inferences about both adjusted and not adjusted estimates.

NA = Not available.

The Y-axis for the line charts may be truncated to prevent flattening of the lines or to present the complete range of data.

❽

Source: Advance Monthly Sales for Retail and Food Services (Definitions)
44X72: Retail Trade and Food Services: U.S. Total — Seasonally Adjusted Sales - Monthly [Millions of Dollars]
▪ TXT ▪XLSX-V ▪XLSX-H   ⬛ Bar Chart 〰️Line Chart

Year	Jan	Feb	Mar	Apr	May	Jun	Jul	Aug	Sep	Oct	Nov	Dec
2013	412,017	417,067	414,115	411,862	414,350	415,454	418,215	417,389	417,699	419,288	420,468	422,930
2014	419,051	424,784	429,251	433,581	434,292	435,487	436,102	439,643	438,535	440,128	441,139	438,604
2015	436,142	435,398	442,001	442,898	445,305	446,649	450,262	450,270	448,091	447,083	448,892	450,611
2016	447,561	451,821	450,561	452,443	454,003	458,757	458,192	458,505	461,454	462,455	462,288	467,979
2017	473,101	472,927	472,170	473,916	471,486	473,538	473,583	474,421	484,107	485,016	489,917	492,859
2018	490,447	493,422	493,123	494,303	500,585	498,989	502,441	502,076	499,995	505,338	507,073	496,683
2019	499,639	500,570	508,402	508,687	512,334	513,162	517,547	521,011	518,121	519,530	523,313	525,405
2020	524,991	525,359	478,099	408,187	485,791	527,459	535,844	541,193	551,970	549,765	544,839	550,198
2021	569,309	554,929	615,573	620,556	615,378	621,612	612,394	617,658	622,104	632,065	639,228	635,598
2022	644,750	653,552	667,050	675,899	674,915	680,515	675,822	680,252	678,202	688,352	679,045	672,336
2023	692,501	687,942	681,673	684,636	689,158	690,518	694,415	699,540	705,304	703,528	705,981	709,890
2024	NA	NA	NA	NA	NA	NA	NA	NA	NA	NA	NA	NA

[Excel] or the letters [xlsx] indicate a document is in the Microsoft® Excel® Spreadsheet Format (XLSX). To view the file, you will need the Microsoft® Excel® Viewer ⬀ available for free from Microsoft®. This symbol ⬀ indicates a link to a non-government web site. Our linking to these sites does not constitute an endorsement of any products, services or the information found on them. Once you link to another site you are subject to the policies of the new site.

資料來源：United States Census Bureau

圖解教學❷ 查詢美國個人消費支出數據

美國個人消費支出數據於每月最後1個週五公布上月數字。若要查詢,首先進入FRED網站(fred.stlouisfed.org),在搜尋處輸入❶「Personal Consumption Expenditures」(個人消費支出)或直接輸入簡寫「PCE」,並點選❷搜尋符號。

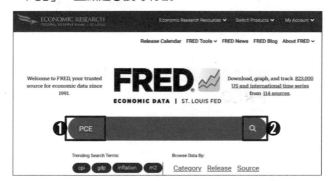

進入搜尋結果頁面,點選❶「Personal Consumption Expenditures」,此資料形式為「Billions of Dollars, Monthly, Seasonally Adjusted Annual Rate」(10億美元,月資料,經季節性調整年率)。

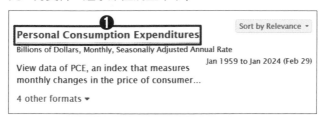

接續下頁

STEP 3

接著，就會出現預設圖表資料為❶個人消費支出金額截至目前的歷史變化。預設圖表數據單位是個人消費支出金額，欲查詢年增率可進一步調整，先點選❷「Edit Graph」（編輯圖表）；於右側彈出視窗的「Units」（單位）中，將原本的「Billions of Dollars」（10億美元）改為❸「Percent Change from Year Ago」（年增率），即可看到❹圖表已成功變更。

由於預設區間為歷史最大區間，亦可自行❺於時間欄位調整區間。另外，點選右上角❻「Download」可下載Excel或圖片；點選左下角❼「Share Links」可分享圖片連結。

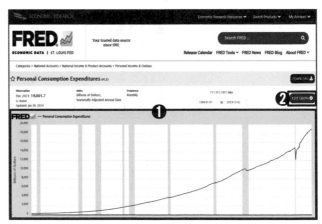

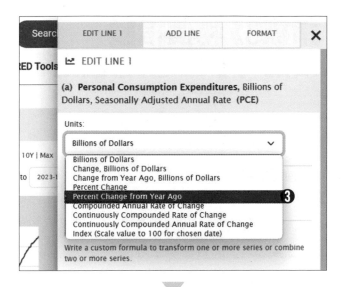

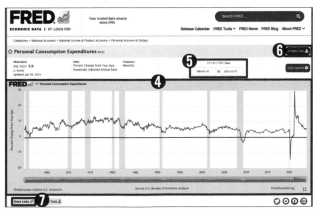

資料來源：FRED

1-4 指標3》物價指數 搭配時事議題擬定投資決策

相信大家對於「通貨膨脹」（簡稱通膨）這個名詞相當熟悉，但也常常很疑惑為何政府公布的數字總與實際感受大不相同，明明覺得萬物齊漲，可是官方數據卻是物價漲幅不大，問題在哪裡呢？

這就要從消費者物價指數（Consumer Price Index，CPI）說起了，由於每個家庭消費類型的不同，所以對於商品價位的漲跌感受就會不一樣，舉例來說，當食品價格上漲時，多數家庭都會很快感受到差異，但是當電子商品價格下跌時，除非剛好有需求或不久前才購買而產生比價心態，否則很難馬上發現其中差異，容易被忽視。

但想要研究數據與市場影響的讀者，必須要暫時放下心中感受而專注在官方數據上，畢竟大型基金研究機構

表1 美國通膨指標為CPI、PCE物價指數

各國注重與使用的通膨指標

地區	通膨指標
美　國	CPI、PCE物價指數
台灣、日本	CPI
歐元區	HICP

與政府制定政策時，需要的是可以統計與類比的各種數據（詳見表1）。

食品與能源價格易受季節性因素影響

美國CPI是由勞工統計局（Bureau of Labor Statistics，BLS）所公布，一般看到的CPI，其實被詳細定義為CPI-U，意指「所有城市消費者」（All Urban Consumers），這樣的消費族群大約占美國總人口的87%，而不包括農村、武裝部隊與特殊機構內（如監獄與精神病院）的物價。另外，還有CPI-W與C-CPI-U等不同之物價指數，但由於重要性稍低，此處我們就不深入介紹了。

CPI 通常分為 3 大項，分別是食品價格、能源價格、扣除食品與能源外所有商品（也就是所謂「核心CPI」），是當局收集了超過 1 萬 4,000 個家庭的消費數據後，所統整出來超過 200 種項目所計算出來的（詳見圖解教學❶）。

2023 年 11 月計算基準中，食品類占 13.42%、能源類占 6.96%，比重接近 20%（詳見圖 1），因此當波動劇烈時，常造成 CPI 指數跟著產生巨大變化。

會做這樣的劃分，最主要原因是食品與能源價格容易受到炒作或季節性因素影響，同時民眾對於食品與能源價格波動感受度也較高，分開標註有助於快速了解季節性因素對物價所造成的影響。

然而政府政策時常會較慢出手，假設由於氣候因素導致食品價格大漲而帶動 CPI 上漲，當政府觀察到此現象後才做出回應，很可能當政策上路之後，食品價格早已跌回原點，來不及幫助民眾壓低通膨就算了，錯誤或朝令夕改的政策反而會破壞民間經濟成長。

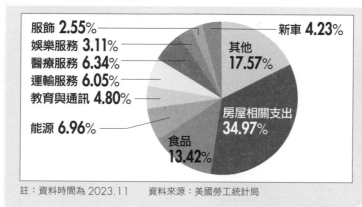

圖1 食品與能源支出共占美國CPI比重約20%
美國CPI權重分布

服飾 **2.55**%
娛樂服務 **3.11**%
醫療服務 **6.34**%
運輸服務 **6.05**%
教育與通訊 **4.80**%
能源 **6.96**%
食品 **13.42**%
房屋相關支出 **34.97**%
其他 **17.57**%
新車 **4.23**%

註：資料時間為 2023.11　　資料來源：美國勞工統計局

　　為了避免被市場雜訊所誤導，所以扣除了食品與能源
價格的「核心 CPI」便應運而生（詳見圖 2），我們一
般也是觀察年增率，就以美國 2003 年～ 2023 年的這
20 年的年增率變化來比較，可以發現 CPI 波動幅度確實
較核心 CPI 來得高（詳見圖 3）。

PCE物價指數與CPI有3大差異

　　雖然排除掉波動幅度較大之項目影響，但 CPI 僅追

圖2　美國CPI報告會獨立劃分食品及能源數據

美國CPI報告內文摘錄

Table A. Percent changes in CPI for All Urban Consumers (CPI-U): U.S. city average

	Seasonally adjusted changes from preceding month							Un-adjusted 12-mos. ended Nov. 2023
所有項目	May 2023	Jun. 2023	Jul. 2023	Aug. 2023	Sep. 2023	Oct. 2023	Nov. 2023	
All items	0.1	0.2	0.2	0.6	0.4	0.0	0.1	3.1
Food（食品）	0.2	0.1	0.2	0.2	0.2	0.3	0.2	2.9
Food at home	0.1	0.0	0.3	0.2	0.1	0.3	0.1	1.7
Food away from home¹	0.5	0.4	0.2	0.3	0.4	0.4	0.4	5.3
Energy（能源）	-3.6	0.6	0.1	5.6	1.5	-2.5	-2.3	-5.4
Energy commodities	-5.6	0.8	0.3	10.5	2.3	-4.9	-5.8	-9.8
Gasoline (all types)	-5.6	1.0	0.2	10.6	2.1	-5.0	-6.0	-8.9
Fuel oil¹	-7.7	-0.4	3.0	9.1	8.5	-0.8	-2.7	-24.8
Energy services	-1.4	0.4	-0.1	0.2	0.6	0.5	1.7	-0.1
Electricity	-1.0	0.9	-0.7	0.2	1.3	0.3	1.4	3.4
Utility (piped) gas service	-2.6	-1.7	2.0	0.1	-1.9	1.2	2.8	-10.4
All items less food and energy（不含食品及能源）	0.4	0.2	0.2	0.3	0.3	0.2	0.3	4.0
Commodities less food and energy commodities	0.6	-0.1	-0.3	-0.1	-0.4	-0.1	-0.3	0.0
New vehicles	-0.1	0.0	-0.1	0.3	0.3	-0.1	-0.1	1.3
Used cars and trucks	4.4	-0.5	-1.3	-1.2	-2.5	-0.8	1.6	-3.8
Apparel	0.3	0.3	0.0	0.2	-0.8	0.1	-1.3	1.1
Medical care commodities¹	0.6	0.2	0.5	0.6	-0.3	0.4	0.5	5.0
Services less energy services	0.4	0.3	0.4	0.4	0.4	0.3	0.5	5.5
Shelter	0.6	0.4	0.4	0.3	0.6	0.3	0.4	6.5
Transportation services	0.8	0.1	0.3	2.0	0.7	0.8	1.1	10.1
Medical care services	-0.1	0.0	-0.4	0.1	0.3	0.3	0.6	-0.9

註：資料時間為 2023.11　　資料來源：美國勞工統計局

蹤長期可比商品，無法反映可替代商品的價格影響，於是誕生了更全面性的「個人消費支出物價指數」（簡稱PCE 物價指數（PCE price index，詳見圖解教學❷））。

統計個人消費支出價格變化的 PCE 物價指數，編製單位是美國經濟分析局（Bureau of Economic Analysis，BEA），它和 CPI 有 3 大差異（詳見表 2）：

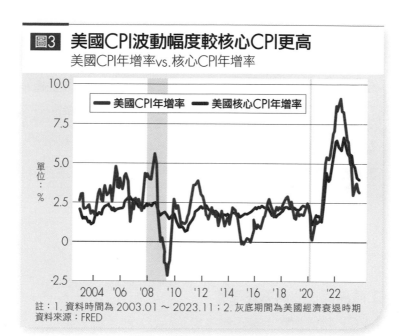

圖3 美國CPI波動幅度較核心CPI更高

美國CPI年增率vs.核心CPI年增率

——美國CPI年增率 ——美國核心CPI年增率

單位：%

註：1. 資料時間為 2003.01 ～ 2023.11；2. 灰底期間為美國經濟衰退時期
資料來源：FRED

1.商品權重

PCE 物價指數：在醫療方面的相關權重相當高，並包括金融服務等支出。

CPI：在房屋相關權重較高（且不包含金融服務支出）。

2.反映支出的層面

PCE 物價指數：涵蓋範圍廣，較能反映家庭整體支出。

表2 聯準會較重視PCE物價指數

PCE物價指數與CPI的3大差異

差異	PCE物價指數	CPI
1.商品權重	醫療支出相關權重高	房屋支出相關權重較高
2.反映支出的層面	反映家庭整體支出	以消費者支付固定品項的支出為主
3.政府與民間的關注程度	美國聯準會（Fed）較重視	一般大眾較易理解

CPI：主要來自消費者支付固定品項的支出。

3.政府與民間的關注程度

PCE 物價指數：美國聯準會（Fed）較重視。

CPI：一般大眾比較容易理解。

簡單說，PCE 物價指數包含範圍較 CPI 更廣（詳見圖4），同時不會受限於單一品項上漲而推動衝高指數。

舉例來說，當牛肉價格快速上漲時，由於牛肉價格在 CPI 中有固定的權重，因此必定會成為 CPI 指數的推力。但實際情況可能會是消費者看到牛肉價格大漲，所以選

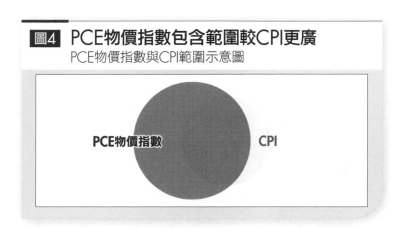

圖4 PCE物價指數包含範圍較CPI更廣
PCE物價指數與CPI範圍示意圖

PCE物價指數　　　　　　CPI

擇其他替代品如豬、羊或雞肉等。

PCE 物價指數因為計算的方式不同，即使消費者不買牛肉而改買其他肉品，仍可以反映替代品對於消費者的影響。因此在多數情況下，CPI 都會稍微高於 PCE 物價指數。

然而，PCE 物價指數除了更全面、更貼近生活之外，最重要的一點便是制定貨幣政策的聯準會，重視 PCE 物價指數更高於 CPI。大家應該都知道，聯準會官員們每年固定會發表 4 次的經濟與利率趨勢展望，告訴市場未

圖5 聯準會以PCE物價指數評估通膨狀況
FOMC經濟預測摘錄

Variable	Median[1]				
Percent	2023	2024	2025	2026	Longer run
Change in real GDP	2.6	1.4	1.8	1.9	1.8
September projection	2.1	1.5	1.8	1.8	1.8
Unemployment rate	3.8	4.1	4.1	4.1	4.1
September projection	3.8	4.1	4.1	4.0	4.0
PCE inflation	2.8	2.4	2.1	2.0	2.0
September projection	3.3	2.5	2.2	2.0	2.0
Core PCE inflation[4]	3.2	2.4	2.2	2.0	
September projection	3.7	2.6	2.3	2.0	
Memo: Projected appropriate policy path					
Federal funds rate	5.4	4.6	3.6	2.9	2.5
September projection	5.6	5.1	3.9	2.9	2.5

實質國內生產毛額年增率預測值
9月預測值
失業率預測值
9月預測值
通膨率（PCE物價指數年增率）預測值　9月預測值
通膨率（核心PCE物價指數年增率）預測值
聯邦基金利率預測值
9月預測值

註：資料時間為 2023.12.13　　資料來源：聯準會

來一段時間中的通膨、經濟成長與失業率可能的走勢，其中，關於通膨所使用的指數便是 PCE 物價指數與核心 PCE 物價指數（詳見圖 5）。PCE 物價指數去除食品與能源價格後，便形成了核心 PCE 物價指數，這個指數被認為更能反映真實物價的長期趨勢。

而在投資市場，CPI 也會被當成評估市場變化的指標

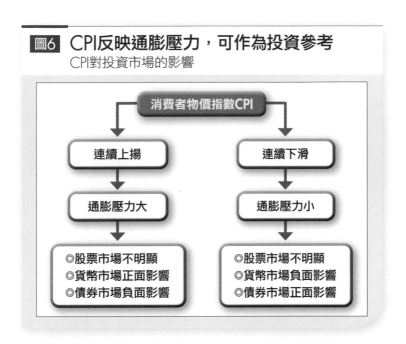

圖6 CPI反映通膨壓力，可作為投資參考
CPI對投資市場的影響

消費者物價指數CPI

連續上揚 → 通膨壓力大 →
◎股票市場不明顯
◎貨幣市場正面影響
◎債券市場負面影響

連續下滑 → 通膨壓力小 →
◎股票市場不明顯
◎貨幣市場負面影響
◎債券市場正面影響

（詳見圖6），例如在通膨持續走揚的環境下，很可能推動央行調整貨幣政策來緊縮資金，此時就容易帶動該國匯價走高；而利率升高的時候也常常導致債券價格走低，所以我們評估通膨壓力變化，就可以用來作為投資操作的重要多空指標。

我們也來看看另一個重要經濟體——歐元區的物價組

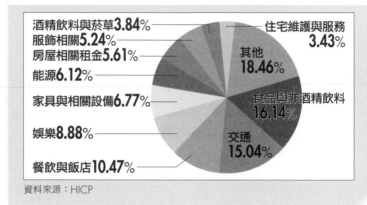

圖7　歐元區通膨主要受食品與非酒精飲料影響
2023年歐元區HICP權重分布

酒精飲料與菸草**3.84%**
服飾相關**5.24%**
房屋相關租金**5.61%**
能源**6.12%**
家具與相關設備**6.77%**
娛樂**8.88%**
餐飲與飯店**10.47%**

住宅維護與服務
3.43%
其他
18.46%
食品與非酒精飲料
16.14%
交通
15.04%

資料來源：HICP

成狀況。由 19 個國家所組成的歐元區，雖然都使用歐元，但各國文化與經濟皆有很多不同之處，單純使用 CPI 很難讓人了解與比較各國物價的變化，因此導入由聯合國所編製「按用途分類」的個人消費（COICOP），藉此統計出可以跨國比較的「調和消費者物價指數」（HICP）。

從歐元區的 HICP 權重分配圖中（詳見圖 7），我們可以了解影響歐元區通膨最重要的單一因子是「食品與非

表3 食物＋能源占CPI比重，美國較歐元區低
歐美物價指數權重比較

項目	美國	歐元區
房租	34.60	5.61
食品	13.42	16.14
能源	6.96	6.12

註：單位為%　　資料來源：BLS、ECB

酒精飲料」，但若加上季節效應影響能源、交通、餐飲與飯店，硬生生就有近 47.7% 的物價被推動了。

看到這裡，或許讀者會心生疑問，究竟了解各經濟體 CPI 權重的意義何在？我們不妨將歐、美兩區域中，食物與能源加上房租的權重來比較一下（詳見表 3）。

發現奇怪的地方了嗎？占美國 CPI 權重最高的房租項目，在歐元區只占有 5.61%，連 1/6 都不到。

而較容易被季節因素影響的食物與能源項目加總後，卻是歐元區的比率較高，這會造成什麼樣的情況呢？

　　簡單說，當大宗商品或油價迅速上漲時，歐元區的通膨較容易被影響而上揚，但同樣現象在美國的影響還是有，不過相對較小，原因就出在採計的權值上不同。

　　再看看台灣的狀況。由行政院主計總處公布，依照 2011 年（民國 100 年）台灣地區家庭消費型態，由各地縣市主計處在 17 個查價縣市選查所編製而成。除編算總指數外，下分 7 個大類，40 個中類、62 個小類及 370 個項目群指數。

　　根據主計總處的說明，目前台灣的 CPI 共有 3 個主要用途：

　　1. 衡量通膨之重要指標，並供測度實質所得或購買力之用。
　　2. 作為公私機關調整薪資及合約價款參考。
　　3. 調整稅負（所得稅、贈與稅、土地增值稅、遺產稅）之依據。

　　根據 2022 年 12 月數據，在台灣 CPI 權重中（詳見

圖8 食物、居住占台灣CPI比重前2名

台灣CPI權重分布

- 醫療保健類**4.80**%
- 衣著類**5.30**%
- 教養娛樂類**12.90**%
- 雜項**13.00**%
- 交通及通訊類**14.40**%
- 食物類 **25.40**%
- 居住類 **24.20**%

註：資料時間為 2022 年　　資料來源：行政院主計總處

圖8），容易受到氣候因素影響的食物類為 25.4%，占最大比率；第 2 才是居住相關占 24.2% 的權重；第 3 則是交通與通訊類的 14.4%。比較特別的一點是，雖然能源價格對於民生影響相當大，但並沒有將其獨立為一個大類別，而是分散在其他中小類別當中。

值得留意的是，在居住類中有一項「房租指數」，占了總指數的 15.6%，甚至還高過了「交通及通訊類」所占的比重，所以若當食物價格或房租價格任一項拉高時，

通膨數字也很容易竄升！

物價指數與通膨數據的實戰運用4重點

「通膨數據」一向是各國央行在施政時非常注重的指標，所以每當公布時都會引起投資市場一番騷動，但其使用方式跟前面介紹的幾項指標有很大的不同。

簡單來說，通膨是一種現象，而我們可以透過其結構的變化去猜測未來各國央行會怎麼做，尤其是聯準會怎麼做！

重點1》中短線投資操作：注意CPI年增率變化

首先要區分數據的影響範圍，CPI 數據對市場影響比較大，因為大多數人都看得懂，PCE 物價指數對聯準會決策影響比較大，因為其覆蓋的層面比較廣，所以問大家，當你想要靠中短線操作獲利時，應該要更注意哪個數據？答案是 CPI。

前面有談到，PCE 物價指數年增率經常低於 CPI 年增

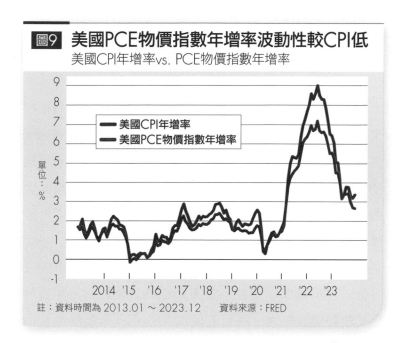

圖9 **美國PCE物價指數年增率波動性較CPI低**

美國CPI年增率vs. PCE物價指數年增率

美國CPI年增率
美國PCE物價指數年增率

單位：％

2014 '15 '16 '17 '18 '19 '20 '21 '22 '23

註：資料時間為2013.01～2023.12　　資料來源：FRED

率，是怎樣的情況呢？

　　我們來看看 2 個指標，在 2013 年至 2023 這 10
年的走勢對照，我們可以發現，美國 PCE 物價指數年增
率波動性比較低（詳見圖 9），而各國央行施政主要都
希望通膨維持在一定的區間中，調整貨幣政策也很容易
牽一髮動全身，因此如果波動率較低，且有納入替代商

品的 PCE 物價指數都走揚，自然是趨勢進一步成形的時機，所以聯準會更重視 PCE 物價指數的變化。

但因為美國 CPI 比 PCE 物價指數更早發布，2 個指標又容易呈現同向變動，所以金融市場會先對 CPI 的表現做出反應；等到 PCE 物價指數公布時，除非是出現極端的變化，否則就只是印證趨勢不變，自然就不會有太大的反應了，所以在中短期投資時，可能更要留意 CPI 數據帶來的影響。

但若其他國家沒有特別規畫類似的通膨指數，相對於 CPI 波動幅度較大，就可能使用核心 CPI 作為排除食品與能源等較容易被市場變化的因素，大家在做研究時可以多加觀察。

重點2》了解政策未來方向：先釐清QE與CPI關係

如果更進一步用簡單的平均數計算，近 10 年（2013 年～ 2023 年）美國 CPI 年增率平均為 2.48%，而 PCE 物價指數年增率為 2.09%，這讓我們得到一個驚人的事實，也就是這 10 年即使 CPI 出現罕見的暴衝，但若看

一整段時間的表現，其實通膨可說是控制得相當不錯。

當然心細的你會發現，雖然長期通膨看來穩定，但之前先是在 2015 年降低到接近通縮邊緣，歷經新冠肺炎疫情帶來的大幅衰退打擊，與後續 2022 年起俄烏大戰導致的通膨暴衝，在起伏劇烈的情況下，真能說通膨控制得很好嗎？

答案是肯定的！雖然偶爾會有一點失控，但其實這就是我們獲利的大好機會！還記得我剛說各國央行都希望通膨維持在低波動的正常上升中嗎？如果你是央行總裁，看到通膨不正常的快速爬升，你會怎麼做？當然是想辦法壓下去，所以此時貨幣政策就會開始出籠了，而這同時也是我們獲利的大好時機！無論是快速升息或降息，實施 QE（量化寬鬆貨幣政策）或縮減 QE，都會讓市場有大幅波動。

這邊我們可以先從過去的歷史來看，在 2014 年初，聯準會正在著力縮減 QE，但不免讓市場引起了一些討論，也就是通膨看來正持續走低的情況下，真的適合讓

QE 退場嗎？

我們不妨反過來看這件事，也就是說，如果接下來通膨應該會回到正軌，經濟還可以的情況下開始縮減 QE，是利？還是弊？

先來看美國 CPI（以 CPI 為例是因為市場反應較大），圖 10 是 2008 年 1 月至 2013 年 12 月間美國 CPI 年增率變化，3 個方框處分別是 QE1（2008 年 11 月～2009 年 3 月）、QE2（2010 年 11 月～2011 年 6月）、QE3（2012 年 9 月～2014 年 10 月）實施期間。

第 1 次丟出 QE 時正是金融海嘯最嚴重的一段期間，資產泡沫破滅加上人民沒錢消費，QE 並未馬上拉升通膨，但正幫助推動經濟走出艱難時刻。

然而 QE2 之所以會登場，就是時任 Fed 主席的柏南奇（Ben Bernanke）擔憂通縮在美國出現且希望推動經濟成長。QE2 執行後市場出現了很明顯的資金行情，無論是股市或各種大宗商品價格都有一段行情，通膨也隨

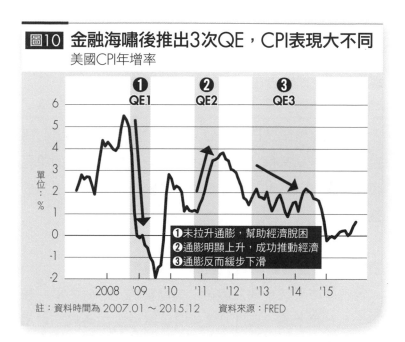

圖10 金融海嘯後推出3次QE，CPI表現大不同

美國CPI年增率

❶ QE1　❷ QE2　❸ QE3

❶未拉升通膨，幫助經濟脫困
❷通膨明顯上升，成功推動經濟
❸通膨反而緩步下滑

2008　'09　'10　'11　'12　'13　'14　'15

單位：％

註：資料時間為 2007.01 ～ 2015.12　　資料來源：FRED

之上升到接近 4% 的高水位。

　　但在 2012 年 9 月份祭出的 QE3 就有點奇怪了，當時為了避免美國經濟被財政懸崖（編按：指當時美國政府將在 2012 年底結束多項減稅政策與削減赤字，預期將導致政府預算支出大幅減少，民眾與企業負擔增加，可能會導致消費下滑甚至經濟衰退）打擊，同時也希望

能促進成長的政策，很不尋常的反倒沒有推動通膨，CPI 年增率在 2012 年 10 月份達到 2.2% 的高峰後便一路緩步下滑，問題出在何處？

還是說貨幣政策已經失效，所以乾脆退場嗎？這個問題需要從結構來解讀，當時占美國 CPI 最高權重的房屋類租金（31.6%）其實才是決定通膨是否會穩定上升的最大推手。

重點3》美國通膨穩定的關鍵：房屋類支出

我們就來看看金融海嘯後，美國實施 QE 對於房屋類租金有什麼影響？圖 11 是美國房屋類支出價格年增率走勢圖，3 個方框處同樣是 QE 登場時間（2008 年 11 月～ 2009 年 3 月、2010 年 11 月～ 2011 年 6 月、2012 年 9 月～ 2014 年 10 月）。其實 QE 最大的功用是在於壓低市場利率，而利率就是資金借貸的價格，低利會增加市場資金流動的速度，同時也會降低房貸成本，讓更多人願意持有房地產。

金融海嘯的起點是次貸問題，所以房地產是第一個下

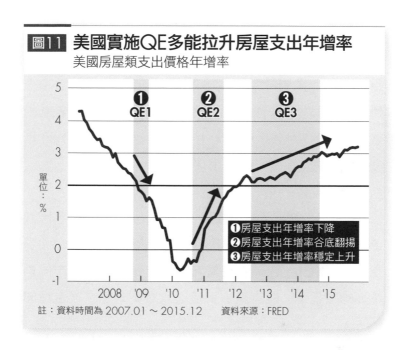

圖11 美國實施QE多能拉升房屋支出年增率

美國房屋類支出價格年增率

❶ 房屋支出年增率下降
❷ 房屋支出年增率谷底翻揚
❸ 房屋支出年增率穩定上升

單位：%

註：資料時間為 2007.01 ～ 2015.12　　　　資料來源：FRED

跌的重點商品，通常當房價持續下跌時，房租也會跟著
下降。

　　因此在 QE2 登場拯救了房市之後，其實房屋類支出也
跟著上揚了。房屋類的支出年增率到了 QE2 結束後的
2011 年底就回到正常的 2% 左右，當時只要呈現穩定
成長就可以控制住 3 成的通膨。

　　而在 2012 年 9 月推出 QE3 以推動經濟加速成長後，明確看到非農數據有強勁表現，但同時房屋類支出也開始有微幅上揚的勢頭出現，2013 年 12 月的年增率來到 2.5%，創下雷曼兄弟倒閉後的新高，QE3 結束的 2014 年 10 月後回到 3% 上下的位置，直到 2020 年疫情發生前也都穩定維持在 3% 以上。

　　假如 QE3 是為了經濟成長，並且避免財政懸崖等因素造成市場大亂的良藥，其副作用就是可能推升下一波房產或股市泡沫，因此在房屋類支出年增率加上股市同創新高的環境下，緩步減少藥量並且緩步升息是很合理的做法。

　　而 2020 年的新冠肺炎疫情在導致全球經濟快速崩潰後，聯準會除了快速將基準利率降至接近零外，也迅速重啟了量化寬鬆，甚至加碼到無限量來穩定市場信心。

　　這次配合了大量的財政補貼也再度挽救了美國經濟，然而也帶來了通膨再起的壓力，所以才會進入到 2022 年起的快速升息循環中。

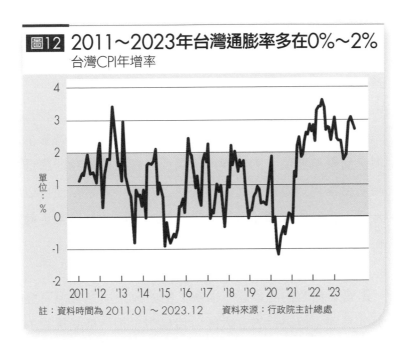

圖12 2011～2023年台灣通膨率多在0%～2%

台灣CPI年增率

單位：%

註：資料時間為 2011.01～2023.12　　資料來源：行政院主計總處

重點4》新台幣：與大宗商品價格呈反向走勢

台灣從 2011 至 2023 年 12 月，這 10 多年以來的 CPI 年增率平均只有 1.25%，同時如果假設央行希望將通膨控制在 0% 至 2% 之間的話，從過去這些年的走勢來看（詳見圖 12），確實可以說是成功的，有近 70% 時期是在這個範圍中。長期觀察台灣通膨走勢後可以發現，除了某些年度由於農曆新年月度影響之外，物價高

漲最主要的原因，大多是來自於大宗商品的狂飆，例如
2011 年底至 2013 年初、2016 年初至 2017 年初、
還有 2021 年初至今。

我們知道央行曾不止一次表示，新台幣具有「反通膨」
與「反景氣循環」的功能，所謂反通膨，便是在通膨低
時新台幣可以走弱；而通膨加速上升時，新台幣便可以
升值以抵銷國際商品價格上揚的壓力，因此新台幣走勢
很有可能跟大宗商品價格有所關聯。

影響新台幣的因素還有很多，例如政策與熱錢還有經
濟成長等，但央行的 3 大經營目標中，相信最受重視的
便是「維持對內與對外幣值之穩定」，而對內穩定便是
指物價穩定，所以台灣投資人必定要特別留意台灣 CPI
走勢變化（詳見圖解教學❸）。

通膨指標是最容易與民眾實際感受背離的一個數據，
但如果官員以自己的感受來制定通膨相關政策，以他們
的高收入來說，相信是沒辦法真正的將通膨控制在合理
範圍中。所以我們抱怨歸抱怨，在投資時還是要以政府

觀察並公布的資料為準。

　CPI 通常不會直接跟市場連動，而是以創造市場對後續
貨幣政策寬鬆與否的情況來影響走勢，所以要跟各國的
經濟情況做比較後才能確認是否有利。因此在使用本指
標時，必須要加深一層思考，跟時事與環境做搭配才能
發揮出最大效用唷！

圖解教學❶ 查詢美國CPI年增率

STEP
1

美國CPI年增率約每月10日～13日公布上月數值。若要查詢，首先進入美國勞工統計局網站（www.bls.gov），首頁右下角可看到「Latest Numbers」，點擊「Consumer Price Index（CPI）」（消費者物價指數）旁的❶小圖示進入資料庫。

Consumer Price Index (CPI):
+0.3% in Jan 2024

進入資料庫後,在「Change Output Options」選擇欲查詢的區間,此處以❶「2013年〜2023年」為例;預設數據為「1 Month Percent Change」(月增率),點選❷「More Formatting Options」(更多選項)。

進入下一個頁面後,改勾選❸「12-Month Percent Change」(年增率);再點選❹「Retrieve Data」(檢索數據)。

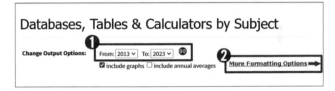

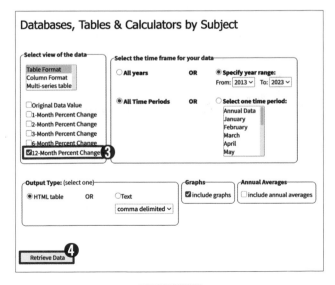

接續下頁

STEP
3

進入下一個頁面後，即可得到❶美國消費者物價指數年增率走勢圖、❷美國消費者物價指數年增率表格，也可點選❸Excel圖示，下載資料。

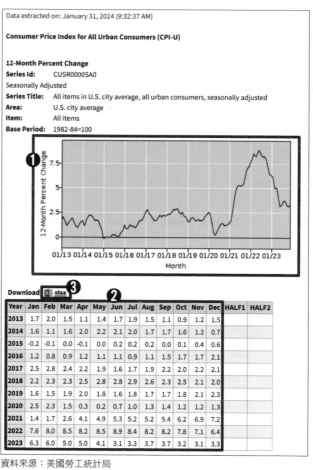

Data extracted on: January 31, 2024 (9:32:37 AM)

Consumer Price Index for All Urban Consumers (CPI-U)

12-Month Percent Change
Series Id: CUSR0000SA0
Seasonally Adjusted
Series Title: All items in U.S. city average, all urban consumers, seasonally adjusted
Area: U.S. city average
Item: All items
Base Period: 1982-84=100

Download

Year	Jan	Feb	Mar	Apr	May	Jun	Jul	Aug	Sep	Oct	Nov	Dec	HALF1	HALF2
2013	1.7	2.0	1.5	1.1	1.4	1.7	1.9	1.5	1.1	0.9	1.2	1.5		
2014	1.6	1.1	1.6	2.0	2.2	2.1	2.0	1.7	1.7	1.6	1.2	0.7		
2015	-0.2	-0.1	0.0	-0.1	0.0	0.2	0.2	0.2	0.0	0.1	0.4	0.6		
2016	1.2	0.8	0.9	1.2	1.1	1.1	0.9	1.1	1.5	1.7	1.7	2.1		
2017	2.5	2.8	2.4	2.2	1.9	1.6	1.7	1.9	2.2	2.0	2.2	2.1		
2018	2.2	2.3	2.3	2.5	2.8	2.8	2.9	2.6	2.3	2.5	2.1	2.0		
2019	1.6	1.5	1.9	2.0	1.8	1.6	1.8	1.7	1.7	1.8	2.1	2.3		
2020	2.5	2.3	1.5	0.3	0.2	0.7	1.0	1.3	1.4	1.2	1.2	1.3		
2021	1.4	1.7	2.6	4.1	4.9	5.3	5.2	5.2	5.4	6.2	6.9	7.2		
2022	7.6	8.0	8.5	8.2	8.5	8.9	8.4	8.2	8.2	7.8	7.1	6.4		
2023	6.3	6.0	5.0	5.0	4.1	3.1	3.3	3.7	3.7	3.2	3.1	3.3		

資料來源：美國勞工統計局

圖解教學❷ **查詢美國PCE物價指數年增率**

美國PCE物價指數年增率於每月最後一個週五公布上月數值，遇特別情形則可能改期。若要查詢，首先進入FRED網站（fred.stlouisfed.org），在搜尋處輸入❶「PCE price index」，並點選❷搜尋符號。

進入下一個頁面後，點選❶「Personal Consumption Expenditures：Chain-type Price Index」（PCEPI，個人消費支出物價指數）。

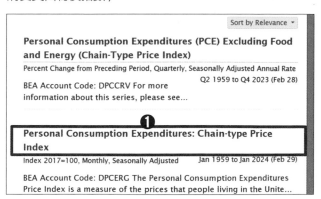

接續下頁

STEP
3

接著，可看到畫面出現❶以2017年為基期的PCE物價指數（基期指數＝100），而我們要看的是年增率，因此須點選❷「Edit Graph」（編輯圖表）；於右側彈出視窗的「Units」（單位）中，將原本的「Index 2017＝100」改為❸「Percent Change from Year Ago」（年增率），即可看到❹圖表已成功變更。

由於預設區間為歷史最大區間，亦可自行❺於時間欄位調整區間。另外，點選右上角❻「Download」可下載Excel或圖片。

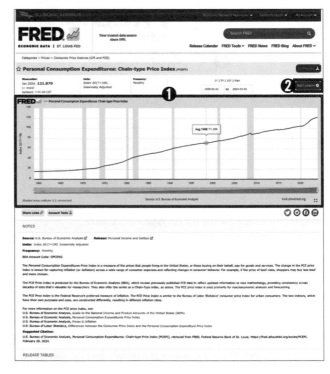

資料來源：FRED

圖解教學❸ 查詢台灣CPI物價指數年增率

STEP 1

台灣CPI物價指數年增率於每月5日公布上月數據。若要查詢，首先進入行政院主計總處網站（www.dgbas.gov.tw），在首頁「重要指標」可看到最新的❶「消費者物價指數年增率」數據，再直接點選。

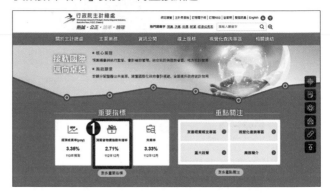

STEP 2

進入下一個頁面後，找到「消費者物價指數年增率」的「相關圖表請至統計資料庫」❶圖示，並點選。

進入下一個頁面後，在「統計期」設定欲查詢區間，此
處以❶「107年（2018年）1月至112年（2023年）
12月」為例；「計算模式」選擇❷「年增率」，最後點
選❸「查詢」，即可看到欲查詢的❹消費者物價指數年
增率數據。

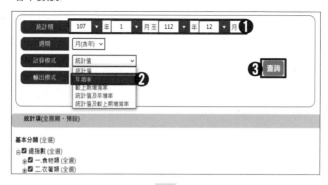

資料來源：行政院主計總處

指標4》ISM製造業PMI 扮演「輔助判斷」角色

1-5

　　每個月第一個工作日，美國供應管理協會（Institute for Supply Management，ISM）會公布一項重要的經濟數據—— ISM 製造業採購經理人指數（Purchasing Managers Index，PMI）。相信大家經常在財經報導看到這個名詞，它所呈現的是各企業採購經理人對未來景氣的預估。

　　與其他各單位所公布的製造業 PMI 不同的是，這個數據是屬於統計「全美國各地重要企業」的數據，較能明確反映出總體製造業現況。

　　在針對各企業採購經理人的調查當中，內容包含新訂單、生產、雇用狀況、供應商交貨速度、存貨、客戶存貨、原物料價格、積壓訂單、新出口訂單、進口訂單等

表1 ISM製造業PMI共採計5大項目
ISM製造業PMI結構

構成PMI的5大項目	對製造業的意義
1.新訂單（New Orders）	接到新訂單的狀況
2.生產（Production）	生產線的狀況
3.僱用狀況（Employment）	僱用員工的狀況
4.供應商交貨速度（Supplier Deliveries）	反映供應商交貨的速度
5.存貨（Inventories）	存貨狀況

10個項目。

　而 ISM 製造業 PMI 的數值則是上述 10 個項目當中的前 5 項各占 20% 權重的計算所得（詳見表 1），基本上反映了一家企業從確認需求（訂單）、尋找原料、僱用員工、從事生產，再到提列庫存的一個重要循環中的所有必備環節。通常 PMI 指數以 50 作為分界點，50 以上代表經濟活動成長，往下則代表衰退：

　指數＞ 50：上個月製造業經濟活動呈現擴張與成長。

　指數＝ 50：上個月製造業經濟活動不冷也不熱。

　指數＜ 50：上個月製造業經濟活動呈現緊縮與衰退。

鎖定每月初的第一手產業預測

　　我們實際來看看 ISM 製造業 PMI 報告（詳見圖解教學）。在整份報告的一開始，會以明顯的字體標示出本月最值得關注的 5 大數據變化。

　　例如在 2023 年 12 月 1 日公布的 11 月份 ISM 製造業 PMI 報告中，新訂單、產出、僱用狀況、供應商交貨速度與存貨都在 50 以下（詳見圖 1），代表當時製造業整體衰退環境延續。

　　由於這份報告是訪問全美各重要企業，因此也依照行業分別整理了經理人對現況的感想，這無論對於身在台灣的投資朋友，或是美國當地投資人都是非常重要的資訊，透過這個資訊可以了解各產業之間強弱的關係，藉以尋找合適的進場點。

　　舉例來說，圖 2 是報告中幾大產業受訪者對於現況的看法，電腦與電子產品業的經理人表示經濟正在快速轉壞，客戶的訂單延遲，企業全力調整庫存水準，需要降

圖1 **2023年11月ISM製造業PMI為46.7**
2023年11月ISM製造業PMI報告首頁

Manufacturing PMI® at 46.7%

November 2023 Manufacturing ISM® *Report On Business*®

New Orders and Backlogs Contracting
Employment and Production Contracting
Supplier Deliveries Faster
Raw Materials Inventories Contracting; Customers' Inventories Too High
Prices Decreasing; Exports and Imports Contracting

資料來源：美國供應管理協會

低訂單延遲帶來的成本，也要先預留庫存在成本上升的領域。

而相反的，運輸相關製造業卻是說明晶片供給的問題幾乎全部解決，結束了為期 3 年的困境，原物料價格也開始趨向穩定，但金屬相關製造業與其他製造業則表態訂單不足，需要在未來一段時間去化庫存。

透過以上幾個簡單案例，相信大家可以了解為什麼市

場會相當重視 ISM 製造業 PMI 的相關數據了吧！

具備「直接影響市場」的2大優勢

ISM 每月固定發布的製造業 PMI 一向是市場非常看重的指數，公布當下就會直接影響市場，我認為這個數據有 2 大優勢是其他經濟數據無法辦到的：

優勢1》樣本專業性：資料來自企業採購者第一手觀察

由於此項數據是直接對各重要企業的採購經理人調查，而採購部門通常必須要配合季節與業務量，去調整原物料與相關存貨，因此對於產業後勢以及景氣都有深入的研究，可以得到他們的第一手資料對於判斷未來經濟有非常大的幫助。

優勢2》超越國別的可比較性：指標內容簡單易懂

很多投資人都對各國的經濟數據定義不甚清楚，也不知其中差異（當然看完本書的讀者不會有這種困擾），中國的經濟發展程度與美國不同，兩國的消費者物價指數權重自然也不一樣，貿然用研究美國的方式去研究中

圖2 查看PMI報告中各產業受訪者對景氣看法
2023年11月ISM製造業PMI報告摘錄

WHAT RESPONDENTS ARE SAYING ❶

- "Economy appears to be slowing dramatically. Customer orders are pushing out, and all efforts are being made to right-size inventory levels, both to mitigate carrying costs on pushed-out orders and to load up on inventory where costs are exploding, like cold-rolled steel." [Computer & Electronic Products] ❷

- "Starting to feel softening in the economy, with labor still a challenge to backfill critical roles. The 2024 forecast looks challenging, specially from a cost perspective." [Chemical Products] ❸

- "Nearly all microchip supply issues have been resolved, finally bringing an end to the three-year chip shortage. Material prices are remaining relatively flat. Supply chain issues continue in several areas, resulting from difficulties during the United Auto Workers (UAW) strike." [Transportation Equipment] ❹

- "Our executives have requested that we bring down inventory levels considerably, and it has started causing customer shortages. Both finished goods, and low inventories of raw and packing materials are creating issues in fulfilling customer demand, and in some cases causing serious (production) delays." [Food, Beverage & Tobacco Products] ❺

- "The end of the major construction season and an early pullback in customer capital expenditures purchases have resulted in a lower backlog in the fourth quarter." [Machinery] ❻

- "Automotive sales still impacted by UAW strike. Still waiting for orders to come in, and we also need to work down inventory levels that increased during the strike period. This will most likely happen in December." [Fabricated Metal Products] ❼

- "Customer orders have pushed into the first quarter of 2024, resulting in inflated end-of-year inventory." [Miscellaneous Manufacturing] ❽

- "(Our situation is) good but guarded, as next year is hard to predict. There are undertones of uncertainty in the market and the impact of inflation on maintenance and project costs has become apparent." [Nonmetallic Mineral Products] ❾

❶受訪者看法、❷電腦與電子產品業、❸化學產業、❹運輸相關製造業、❺食品飲料及菸草業、❻機械產業、❼金屬產品製造業、❽其他製造業、❾非金屬礦物製品製造業

資料來源:美國供應管理協會

國就容易誤判情勢。

但在 ISM 製造業 PMI 上就相對簡單許多,各國研究機構所公布的報告都會標示涵蓋的產業,絕大多數都是以

問卷的方式，直接請受訪者填寫其對於後勢的看法，統計他們對於各子項目的看法差異。

例如，在存貨部分有愈來愈多人認為需要提高庫存，則該項目分數便持續升高；反之，當多數人開始認為新訂單要減少了，則該項目的分數便持續下降，不但簡單，又能讓人清楚知道是哪一個環節開始出了問題。有了這2大優勢，即使是由私人企業所研究公布，依舊能讓市場認真對待數據變化。

最後告訴大家結論，應用在投資市場時，ISM 製造業 PMI 屬於「輔助判斷」的角色，而非主動出擊判斷高低的直接指標。

公布最新資料時，金融市場會先看總指數高於或低於50，只要沒有跟預期的表現差距太大，就會往「新訂單」這個項目觀察，畢竟企業產出高或加大聘僱是好事情。當新訂單有明顯成長，自然可望真正反映在業績成長上，所以經驗上在新訂單大幅增加時，都會是美國股匯市的重要支撐題材。

圖解教學　查詢美國ISM製造業PMI

美國ISM製造業PMI於每月第1個上班日公布上月數據。若要查詢，首先進入美國供應管理協會網站（www.ismworld.org），在首頁點選❶「Supply Management News & Reports」（供應商管理協會最新消息與報告），再點選❷「ISM Report on Business」（ISM營運報告）。

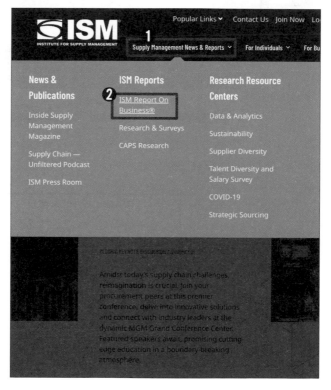

接續下頁

STEP
2

進入下一個頁面後，在左下角「Manufacturing PMI」（製造業採購經理人指數）中，點選❶「View Report」（查看報告）可看到❷完整報告。

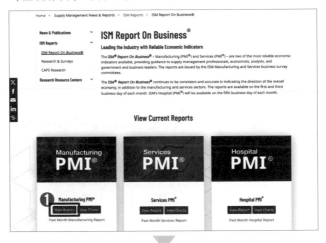

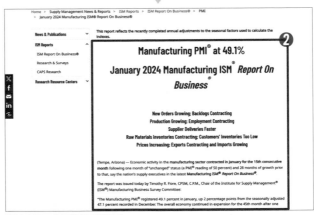

資料來源：美國供應管理協會

指標5》就業市場數據
聚焦失業率、非農就業人口

美國的就業（Employment）報告是由美國勞工統計局與各州政府的就業機構合作，每月均會做一次機構薪資調查，並將調查所得的資料匯整為所發表的報告，提供大量美國勞動力市場的數據。

這份報告對於資本市場相當具有影響力，其中最關鍵的有 3 項數據（詳見圖 1）：

數據1》失業率

失業率（Unemployment Rate）是美國失業人口在勞動人口當中的占比，雖然是反映整體經濟狀況的落後經濟指標，然而就業狀況會嚴重影響一般消費者的信心，畢竟在無法確保工作飯碗的情況下，民間消費也跟著保守，進而影響總體消費支出與經濟景氣。因此，失業率

可說是直接影響投資與消費心情的指標。

數據2》非農就業人口變化

由於美國絕大多數就業人口都是非農工作者，因此這項指標代表著支撐美國經濟主體的服務業、製造業等產業的就業市場狀態，是相當重要的領先指標。

非農就業人口變化（Nonfarm Payroll Employment）是非農業單位的新增就業人口數（與上月相比的人數變化），例如看到某個月非農就業人口 10 萬人，意思就是該月新增的非農就業人數比上月增加了 10 萬人（詳見圖解教學）。

數據3》勞動參與率

勞動參與率（Participation Rate）代表「勞動人口占勞動年齡人口」的比率，是僅次於失業率的勞動市場重要指標，用來衡量民眾參與經濟活動的狀況，若勞動參與率提升代表民眾持續投入就業市場。

美國就業數據調查時間是每個月 12 日那一週（週日

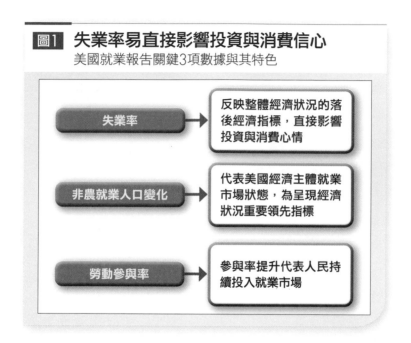

圖1 **失業率易直接影響投資與消費信心**
美國就業報告關鍵3項數據與其特色

失業率 → 反映整體經濟狀況的落後經濟指標,直接影響投資與消費心情

非農就業人口變化 → 代表美國經濟主體就業市場狀態,為呈現經濟狀況重要領先指標

勞動參與率 → 參與率提升代表人民持續投入就業市場

至週六),並在該週(也被稱為統計週)後的第 3 個週五美東時間早上 8 點 30 分發布就業數據。

簡單説,除了特別月份之外,發布時間通常都會是每個月的第 1 個週五。

要查詢失業率與勞動參與率,可從美國人口普查

表1　當前就業統計數據來自美國勞工統計局
當前人口調查vs.當前就業統計

項目	當前人口調查（CPS）	當前就業統計（CES）
母體	6萬個家庭	從具有失業保險的單位中取樣約12萬2,000家企業與政府部門
調查方式	面試官親自或電話調查	EDI電子資料占55%、網路回報占30%、剩下其他15%
主要提供數據	失業率、勞動力與勞動參與率等	新增非農就業人口、平均薪資與每週工作時間等
數據提供單位	美國人口普查局	美國勞工統計局

註：資料時間為2023年　　資料來源：美國人口普查局、美國勞工統計局

局（Bureau of Census）所製作的「當前人口調查」（Current Population Survey，CPS）中取得；而非農就業人口，則可從美國勞工統計局（Bureau of Labor Statistics，BLS）所製作的「當前就業統計」（Current Employment Statistics，CES）內得到。

當前人口調查與當前就業統計都是非常重要的統計數據，但由於統計方法與母體皆不同，經常導致投資人對於就業數據的誤解，大家可以留意2種方式的主要差異（詳見表1）。

圖2 失業人口占民間勞動力比重即失業率
美國勞動人口定義

接著,來進一步認識美國的「失業率」。首先要了解,美國在調查就業數據時,對於國內勞動人口有 3 大定義,根據涵蓋範圍由大至小說明如下(詳見圖 2):

1. 民間非機構人口(Civilian Noninstitutional Population):16 歲以上,且不是機構收容人(例如精神病院、監獄等),也非現役軍人。

2. 民間勞動力(Civilian Labor Force):民間非機構人口乘以勞動參與率,可以說是擁有「工作意願」與

「工作能力」的勞動人口。

3. **失業人口**（Unemployed Persons）：「失業率」就是「失業人口」占「民間勞動力」的比率，這個數字是就業指標中最常見的一項數據，卻也是最難以直接衡量的數據。

原因在於失業率的統計方法有很多變化，不但各國皆不相同，就連同一國家都會因為計算方式不同而有多種失業率數據。

美國失業率有6種劃分標準

美國將失業率劃分為 6 種，分別以 U-1 至 U-6 為代表，數字愈高，其計算方式愈寬鬆。而一般我們聽到的失業率，主要指 U-3 這項總失業率（詳見表 2）。

從美國失業率劃分標準，可以了解到一個重點——只看失業率還不夠。我們還必須了解所謂「勞動參與率」是怎麼一回事，搭配了解後才能識別失業率升高或降低，

表2 **美國失業標準U-3代表總失業率**
美國失業率劃分標準

標準	失業率 （%）	定義
U-1	1.4	失業長於15週的求職者
U-2	1.6	失業與結束臨時工作者
U-3	3.6	總失業率
U-4	3.7	總失業率加上灰心勞工（因為長期找不到工作而放棄尋找）
U-5	4.4	U-4加上準待業者（現在沒有工作，同時也沒有尋找工作者；以及過去一年有找尋工作，但可能不夠積極者）
U-6	6.7	U-5加上因為經濟因素兼職者

註：資料時間為 2023.11　　資料來源：美國勞工統計局

到底應該樂觀或悲觀。

　　來考考大家，有一位年約 30 歲的無業青年，四肢健全且身體健康，但終日遊手好閒並仰賴父母金援，已經超過 1 年沒有去找工作了，你覺得他是失業人口嗎？

　　相信大多數人都會覺得算是失業人口，但站在統計的角度上來看，他「不是」失業人口，為什麼？因為他連

勞動人口都不算，這就是「勞動參與率」所表達出的重點！勞動參與率僅指「有工作能力與意願者」占民間非機構人口的比率。

以上面這個案例來說，很顯然這位青年屬於有工作能力但沒有工作意願，因此並不算在民間勞動力中，所以就算沒工作，也並不被計入失業人口之中。當這樣條件的人愈來愈多，通常很難寄望經濟成長加快。

因此在失業率的統計中，會分成 3 部分來衡量：1. 現在有工作的勞工、2. 能工作且正在找工作的失業者、3. 既未就業也不算失業的非勞動力。

在就業方面的認定基礎相當簡單，只要有一份工作而無論是正職或兼職，都算是就業人口（就算是正在育嬰假，或是因氣候因素不在工作崗位上的員工也都同樣被採計）。

但有一個特別情況是發生在無酬工作者中，認定的標準是只要每週有超過 15 小時無酬參與協助家庭商業活

動（例如成年子女幫忙父母做生意但沒領薪水），也會被算入就業人口當中。

在失業方面的認定就比較複雜，當失業者過去 4 週中曾經努力尋找過工作，便計入失業勞工中；無論是經由職業介紹所或自行聯繫企業面試，就算是打電話問朋友有沒有工作可以介紹，也都算是有努力過。

但如果是屬於被動者，就不會被採計失業。例如只是看看報紙的求職欄或打開網路履歷而未主動投送，這些民眾將會被放入非勞動力的類別。最後，只要不屬於就業也不是失業者，都屬於非勞動力這一類別。

失業率》失業人口占民間勞動力比率

帶大家實際從美國就業報告數據，了解勞動參與率與失業率是怎麼計算的。以 2023 年 11 月資料為例（詳見表 3）：

所有民間非機構人口為 2 億 6,700 萬人左右，而實際

表3　美國2023年11月失業率為3.7%

美國勞動市場簡況

項目	2023年11月數據
民間非機構人口（千人）	267,822
民間勞動力（千人）	168,260
勞動參與率（%）	62.8
就業者（千人）	161,969
失業人口（千人）	6,291
失業率（%）	3.7
非勞動力（千人）	99,562

資料來源：美國勞工統計局

真正有能力與意願的工作者「民間勞動力」只有約 1 億 6,800 萬人。

　因此，勞動參與率為：民間勞動力 1 億 6,826 萬人／民間非機構人口 2 億 6,782 萬 2,000 人 ×100% ＝ 62.8%。

　而失業人數大約為 629 萬人，因此失業率就是：失業人口 629 萬 1,000 人／民間勞動力 1 億 6,826 萬人

×100% = 3.7%。

如果用一般容易搞混的失業率觀念（所有失業人口除以民間非機構人口）來算，失業率將暴增到 39.5%。認清失業率的真正計算方式是非常重要的。

非農就業人口》有領到薪水的非農就業者

所謂「非農就業人口」的定義，一如字面上的意思，就是截至統計週時「擁有工作」的民眾，而認定標準也相當簡單，只要把握「有領到錢」這個重點就差不多了。撇除掉企業主、個人工作者、農場工作等這些例外，有領到錢的都會被算進非農就業人口中。

失業率與非農就業人口是美國就業報告中最重要的 2 項數據，但由於調查方式的不同，常常產生非農就業人口變多，但是失業率也上升的現象，如果只看其中單一數據，很容易發生對就業市場的誤判。

知識補給站　台灣民眾年滿 15 歲即納入就業數據採計

在台灣又是怎麼定義失業人口的呢？台灣人力資源相關調查是由行政院主計總處與各縣市主計處合作編製，根據主計總處提供的說明，會以每個月含 15 日的那一週為資料標準週。取樣分為 2 階段，全台灣先抽出約 540 個村里，再從中取出約 2 萬 1,000 戶（約 5 萬 4,000 人）進行調查。以下是台灣各種與失業相關名詞的定義：

民間勞動力》
民間勞動力指在資料標準週內，年滿 15 歲可以工作之民間人口（包括就業者及失業者）。可以發現雖然台灣的民間勞動力與美國民間非機構人口定義相似，但起始年齡便差了 1 歲，台灣為 15 歲、美國為 16 歲，採計勞動力的基礎上便有所不同。

就業者》
指在資料標準週內年滿 15 歲從事有酬工作者，或從事 15 小時以上之無酬家屬工作者。

失業者》

指年滿 15 歲同時具有下列條件者：

1. 無工作。

2. 隨時可以工作。

3. 正在尋找工作或已找工作在等待結果。

4. 此外，尚包括等待恢復工作者，以及已找到工作但尚未開始工作亦無報酬者。

非勞動力》

指在資料標準週內，年滿 15 歲不屬於勞動力之民間人口，包括因就學、料理家務、高齡、身心障礙、想工作而未找工作且隨時可以開始工作，以及其他原因等而未工作亦未找工作者。

勞動力參與率》

勞動力占 15 歲以上民間人口之比率。

失業率》

失業者占民間勞動力之比率。

圖解教學 **查詢美國失業率、非農就業人數**

美國失業率、非農就業人數於每月第1個週五公布上月數字。若要查詢,首先進入美國勞工統計局網站(www.bls.gov),首頁右下角可看到❶「Latest Numbers」區塊,可看到最新數據:❷「Unemployment Rate」(失業率)2023年12月失業率為3.7%;❸「Payroll Employment」(非農就業人口變化)2023年12月非農就業人口新增人數為21萬6,000人。

若想查詢指標的歷史數據,此處以「失業率」為例,點選指標右側的❹小圖示,即可進入該指標資料庫。

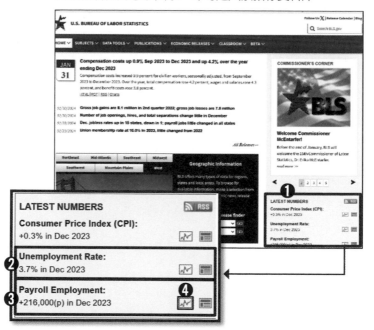

進入下一個頁面後，在「Change Output Options」選擇欲查詢的區間，此處以❶「2019年～2023年」為例，再點選❷「Go」，即可取得❸美國失業率走勢圖、❹美國失業率表格，也可點選❺Excel圖示，下載資料。

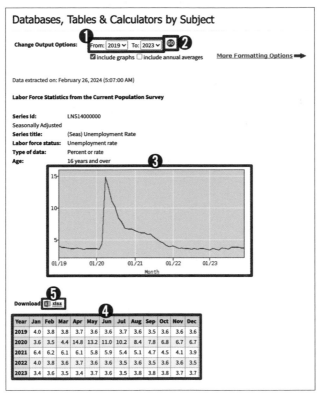

資料來源：美國勞工統計局

1-7　應用1》非農就業人口續增可視為股市多頭訊號

　　失業率與非農就業人口變化是觀察就業市場好壞的重要指標，也經常被投資人用來評估經濟是否好轉，不過，只看其中一項指標還不足夠，最好能分開來觀察。我們用一個比較經典的例子來説明。2008 年金融海嘯後，美國失業率飆升，最高在 2009 年飆升到 10%，美國為了救市，在 2008 年將利率一路降到零，自此開啟了為期多年的零利率時代。

　　隨著美國經濟邁向復甦，失業率也終於在 2012 年逐漸降到 8% 之下，美國公開市場操作委員會（Federal Open Market Committee，FOMC）就在 2013 年時承諾，只要失業率在 6.5% 之上，FOMC 便不會升息。因此在當時的環境下，每當失業率愈往 6.5% 靠攏，市場就認為升息的機會愈大，與利率連動的相關商品波動

也隨之放大。

只有失業率下滑當然不等於經濟變好，尤其是在勞動參與率節節下降的環境中；不過，失真的失業率還是會影響市場，畢竟它還是一個最能簡單與過去比較的經濟數據，所以美國的「失業率」會與市場的「升息預期」連動，也就是說，當看到失業率下降，市場通常會認為經濟有好轉跡象。

然而，那時 FOMC 給的前瞻性指引是說失業率低於 6.5% 以前不升息，沒說 6.5% 以下就升息。事實是，2014 年 4 月失業率順利降到 6.5% 以下，當時沒有立刻升息，一直到 2015 年 12 月，才終於結束了長達 7 年的零利率時代，啟動了金融海嘯後的第一次升息。既然不能只看失業率來判斷經濟好轉，還要搭配什麼指標呢？答案就是新增的「非農就業人口」。

非農就業人口＋失業率皆上升，可樂觀解讀

在正常的狀況下，當非農就業人口增加，代表就業的

人變多，照理說失業率要下降；不過，有時候卻會出現背離的狀況，也就是在同時間 2 個指標一起上升，或是一起下降。

例如 2009 年至 2010 年這段時間中，新增非農就業人口與失業率時常出現背離（詳見圖 1），就以 2010 年上半年來說：

1 月～2 月（詳見圖 1-❶）：2 個指標皆上升，找到工作的人變多了但失業率反而上升。

5 月～6 月（詳見圖 1-❷）：2 個指標皆下降，找到工作的人變少了但失業率反而下降。

為什麼會有這種現象？又該以哪個指標為準呢？

之所以會有新增非農就業人口與失業率背離的現象發生，其實就是因為其調查的單位與方式不同。當「退出勞動市場的人數多過被裁員或辭職者人數」時，就會導致非農就業人口減少但失業率下滑的情況，而這基本上

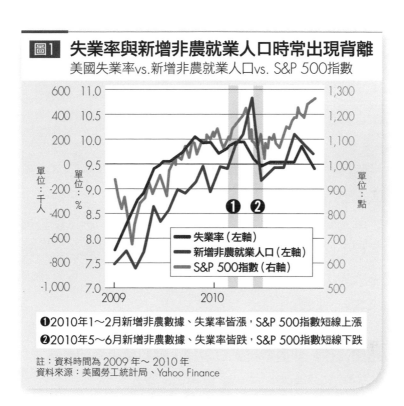

圖1 失業率與新增非農就業人口時常出現背離

美國失業率vs.新增非農就業人口vs. S&P 500指數

單位：千人

單位：%

單位：點

❶2010年1～2月新增非農數據、失業率皆漲，S&P 500指數短線上漲
❷2010年5～6月新增非農數據、失業率皆跌，S&P 500指數短線下跌

註：資料時間為 2009 年～ 2010 年
資料來源：美國勞工統計局、Yahoo Finance

是一件不好的事情。

　　反過來，當過去不願或無法工作的民眾重新開始湧向勞動市場時，可能表示大家認為景氣有望好轉，所以即使因此導致失業率增加，但市場應該還是會偏樂觀面對。

　　那麼，非農就業人口變化怎麼進一步判斷好壞呢？其實一般投資人很難了解像是「新增非農就業人口 10 萬人」代表的意義，而政策制定者也不容易對其設定標準，所以關注非農就業者往往不如關注失業率者來得多。

　　我們一般是這樣看的，假設新增非農就業人口 10 萬人，但市場原先預期應該要增加 12 萬人，比預期少了 2 萬人，表示就業市場沒有想像中來得好，所以投資市場會是偏空反映；但如果原先預期只增加 7 萬人，比預期增加了 3 萬人，代表實際狀況比預期更好，投資市場就會偏多反映。

短線操作》非農就業人口增加，有利美股短線走勢

　　大家看到這裡，可能還是覺得好麻煩，畢竟想要判斷好壞，還得留意預期數據再作比較。沒關係，有一個更簡單的重點可以掌握──長期的經驗顯示，非農就業人口只要是「增加」，美股 S&P 500 指數的短線表現通常也都會不錯。

　　我們直接把非農就業人口變化和失業率這 2 個指標，

拿來與 S&P 500 指數走勢做對照，就能明白投資市場真正關心的就業數據是哪一個。

前面提到 2010 年 1 月～ 2 月（詳見圖 1-❶），失業率自原本的 9.8% 上升至 9.9%，但新增非農就業人口則是擺脫低潮重回成長，S&P 500 指數隨後演出慶祝行情。同年 5 月～ 6 月（詳見圖 1-❷）是失業率從 9.6% 下滑到 9.4%，但新增非農就業人口也下降的情形下，S&P 500 指數呈現走跌。

以上可以知道，比起失業率，新增非農就業人口的表現，對於投資市場的短線走勢有更明確的影響力。

長線操作》從2重點掌握大方向

那麼長線趨勢呢？先看比較早期的紀錄。從 1998 年至 2013 年這段期間中，美國遇到網路泡沫與金融海嘯這 2 次衰退期，分別導致 S&P 500 指數有兩波較大的回檔。

其中，若只看新增非農就業人口與 S&P 500 指數之間

的關係時，會發現 2 次股市由空翻多的起點中，只有金融海嘯後的起漲是剛好配合非農就業人口的止跌回升，因此單看非農就業人口的變化，不容易用來研判後市，但還是可以用來觀察大方向，可以掌握 2 個重點：

1. 非農就業人口持續增加時，股市呈現多頭

用長線的角度來看，我們可加上一個非農的「絕對增加」或「絕對減少」來作為衡量基礎，也就是看非農就業人口持續增加時（持續維持正值）視為多頭，持續減少時視為空頭。

加上這個衡量方式之後，就可以更進一步以新增非農就業人口持續增加或減少，將 1998 年至 2013 年劃分為 5 個時期。可以看出，當非農就業人口保持增加時，S&P 500 指數有明顯的 3 段上漲走勢；而持續減少時，剛好也就是股市走空的這 2 段時間（詳見圖 2）。

2. 看非農就業人口半年均線，追蹤長線趨勢

逐月觀察新增非農就業人口的變化，實務用處還是有限，尤其是 2002 年至 2003 年這 2 年，數據總是時好

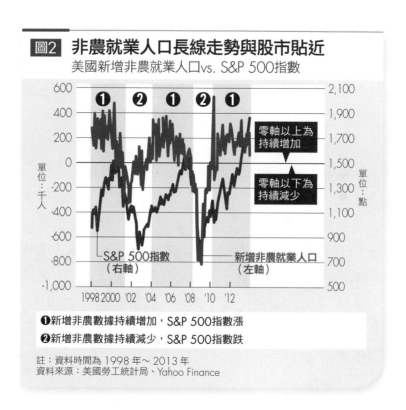

圖2 非農就業人口長線走勢與股市貼近

美國新增非農就業人口vs. S&P 500指數

❶新增非農數據持續增加，S&P 500指數漲
❷新增非農數據持續減少，S&P 500指數跌

註：資料時間為 1998 年～ 2013 年
資料來源：美國勞工統計局、Yahoo Finance

時壞，投資人如果據此頻繁改變操作方向，很容易有不必要的損失。所以我會將非農就業人口視為長期指標予以均線化，最簡單的方式就是將其化為 6 個月均線。

圖 3 是新增非農就業人口的半年均線與 S&P 500 指

數的走勢對照，新增非農就業人口第一次跌破正值是出現在 2001 年 5 月，由於公布時間會是在 6 月，所以我們用 2001 年 6 月的 S&P 500 指數收盤 1,224.38 點來計算（只要你想買或賣一定會有這個價）。

而新增非農就業人口的半年均值第一次重回正值，出現在 2002 年 10 月份，而公布的 11 月當月，S&P 500 收盤指數在 936.31 點。也就是説，無論過去買在任何一個價位，只要在轉為負值時記得出場，轉正值時回補，就至少不會有自 1,224.38 點跌至 936.31 點這一段 23.5% 的虧損出現。同時，如果你在 1,224.38 點時放空，然後在 936.31 點時回補，那可是年報酬 20% 的好生意呢！

假設你不喜歡放空，選擇在新增非農就業均值轉回正值時進場，下一次又跌回負值則出現在 2002 年的 12 月，隔年 1 月的收盤指數為 855.7 點，小虧 8.6% 左右出場，但指數接下來跌至更低點的 788.9 點。

經過這一小小段的 2 次衰退之後，新增非農就業人口

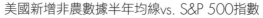

圖3 非農數據半年均線由負轉正帶動美股翻多
美國新增非農數據半年均線vs. S&P 500指數

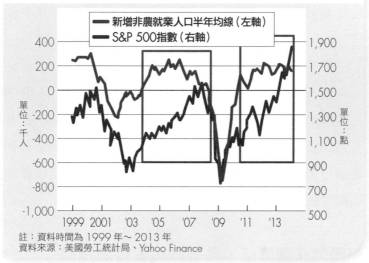

註：資料時間為 1999 年～ 2013 年
資料來源：美國勞工統計局、Yahoo Finance

均值在 2003 年 9 月重新轉為正值，同樣的若以 10 月
的 S&P 500 指數收盤 1,050.71 點進場，這次不得了
了，都沒機會賣，要等到 2008 年 4 月才遇到金融海嘯
而轉為負值，出場點會是在 5 月份的收盤價 1,400.38
點，報酬率只有平凡的 33.2%。

但如果此時能夠獲利了結，你將會避開這一波大回檔，

同時如果又勇敢的放空 S&P 500，等到新增非農就業人口均值重新轉正時已經來到 2010 年 4 月份，回補價格就算 5 月份收盤為 1,089.41 點，放空報酬率來到 22.2%，不但沒在金融海嘯受傷反而賺了一筆！

如果只做多股市的朋友，也在 2010 年 5 月份的 1,089.41 點進場的話，截至 2014 年 1 月份收盤 1,782.59 點，報酬率來到 63.6%。這就是我說，只要能活用新增非農就業人口均值，就能很好掌握美股多空進出場點的實例。

美國就業數據佳，多帶動美股持續走高

再來看近 10 年的狀況。2014 年至 2023 年這段期間，若能運用新增非農就業人口均值來掌握投資 S&P 500 指數的進出場點，同樣能有不錯的表現。

首先若回頭看，這 10 年有一個特點，就是除了 2020 年全球新冠肺炎疫情大爆發外，基本上美國就業數據都維持很好的表現，突如其來的疫情打擊，讓失業率創歷

史新高，甚至出現單月超過 2,000 萬人的非農就業人口減少，所以將均值這個波段指標，在短短 7 個月就一次反映完，呈現了極端的現象。

從圖 4 可以觀察到，新增非農就業人口半年均值從 2014 年初至 2020 年 2 月都是呈現增長，所以如果從 2014 年 1 月份開盤就買進的話，直到 2020 年 3 月份疫情擴散到開始轉為負值，2020 年 4 月收盤出場的話，S&P 500 指數會是從 1,845 點漲到 2,912 點，大約是 57.8% 的報酬。

然而從 2020 年 10 月開始，新增非農就業人口半年均值總算回到正值，若從 2020 年 11 月以 S&P 500 收盤指數 3,621 點進場，截至 2023 年 12 月 29 日為 4,769 點，報酬率 31%，依然是相當穩健的表現。

當然因為這次的疫情，美國透過快速降息與大舉財政政策補貼，讓股市只有修正一下後快速回暖衝高，透過新增非農就業人口半年均值的指標有避開不確定性較高時期的風險，但重新進場後的價位卻因為時間延後而較

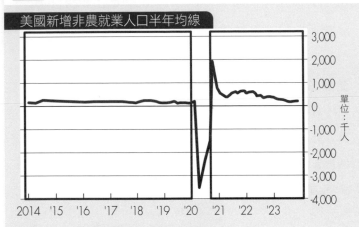

圖4　新增非農就業人口呈正值時，美股多走揚

美國新增非農就業人口半年均線

單位：千人

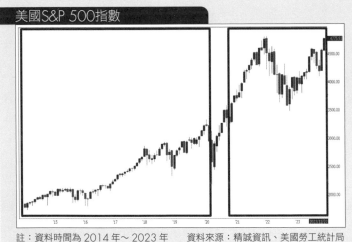

美國S&P 500指數

註：資料時間為 2014 年～ 2023 年　　資料來源：精誠資訊、美國勞工統計局

差，導致整體表現不如直接長期持有。

投資本身都有風險，重點是要找對方法。例如有 3 組投資人，分別用 100 萬元，在 2001 年開盤買進 S&P 500 指數，使用前述的新增非農就業人口均值操作，誰會獲利最多呢？

2001 年～ 2013 年底，若觀察新增非農就業人口的半年均值投資 S&P 500 指數，結果如下：

▲ 交易模式 A：長期持有
100 萬元進場→增值為 135 萬元→報酬率 35%。

▲ 交易模式 B：只做多
100 萬元進場→增值為 184 萬 8,300 元→報酬率 84.8%。

▲ 交易模式 C：多空都做
100 萬元進場→增值為 215 萬 4,400 元→報酬率 115.4%。

1-8 應用2》4步驟綜合評估指標 掌握整體經濟局勢

　　我們在這一章為大家介紹了 GDP（國內生產毛額）、零售銷售、物價指數、ISM 製造業 PMI 與就業市場數據等，這些數據的公布時間不一，大家可參考表 1。但是這麼多指標，要怎麼綜合運用呢？可參考以下步驟：

步驟1》查看ISM製造業PMI

　　可以先透過 ISM 製造業 PMI 觀察美國主要製造業的景氣，預先判斷是否有利股匯債市的趨勢延續。

步驟2》確認就業市場數據

　　再從就業市場數據來確認非農就業人口表現與失業率等，了解勞動力市場是否支撐經濟與金融環境成長。

步驟3》參考民間消費數據

| 表1 | 依序蒐集各指標數據後再進一步綜合分析 |

美國重要經濟數據每月公布時間

重要經濟數據	公布時間
ISM製造業PMI	每月第一個交易日
就業數據	通常是每月第一個週五
CPI	約每月10日～13日
零售銷售	每月11中旬
PCE物價指數	每月最後一個週五
GDP初值	1月、4月、7月、10月的最後一個週四

民間消費數據包含CPI（消費者物價指數）、零售銷售、PCE 物價指數。

CPI 數據是否符合預期，將推動聯準會（Fed）進一步升息或降息來影響金融市場，尤其是在升息可能轉降息、或是降息可能轉升息的環境中，特別容易造成市場波動增大。

接著，要看零售銷售表現來觀察消費力道好壞，藉以提早評估 GDP 的表現；最後再到 PCE 物價指數接續確認通膨壓力高低，如果有變化就是該月最後調整的機會。

步驟4》留意GDP數據

　　而 GDP 數據有初值、修正值與終值，多數時候市場最關注的就是初值表現，通常是每年的 1 月、4 月、7 月與 10 月來公布前一個季度的表現，後面 2 個月再公布修正值與終值。若是隔 3 個月才公布一次新的數據，投資人可操作的機會將會比較少。

了解經濟再投資，分3階段練就判斷能力

　　剛踏入投資市場的朋友，很容易被投資標的本身的波動，或是相關的短線消息所牽著走，而陷入追漲殺跌的環節當中。

　　價格的漲跌雖然直接攸關我們的投資績效，但如果可以稍微抽離一點，不要過度關注短期內的市場題材，也就是避免只用極少數的「點」去衡量現在的投資市場，而是能夠將這些經濟數據帶來的影響連在一起思考，蒐集足夠多發布的數據，並與當下反映結合成有前後關聯的「線」，自然就能更了解整體的趨勢方向，不會被市場動盪迷惑。

　　如果能了解到經濟數據延伸後的變化，就可以説是建立了第 1 階段的基本面投資邏輯，足以讓大家更清晰的了解市場脈動。

　　而第 2 階段開始則是要重新回到市場焦點，透過經驗了解為何投資市場特別專注於部分數據，才能進入到結合基本面與價格，讓數條直線發展的趨勢再進一步結合成「面」，就會是更嚴謹或寬廣的投資模式。

　　第 3 階段則是更加擴展到數種面向的結合，在投資的角度上可以跨國或跨市場的商品配置，透過種種不同的面向，去組合出對於自己來説最有利或最有把握的投資模式。這個階段跟常見的股債比例或全球投資不同，而是專屬於你自己的合理資產組合。

　　要從初步了解基本面開始延伸到各階段，所需要的時間或得到的報酬會因為投資人本身差異而有所不同，但只要開始花心力研究與對照市場趨勢，就可以累積成為提高投資勝率的方式唷！

第2章

債市攻略

2-1

觀察金融市場動向
先看美國基準利率

　　「利率」是影響一個國家股、匯、債市場最關鍵的指標，而全世界最大的經濟體——美國，其利率若有任何動靜，都牽引國際資金的流動，進而對全球其他市場造成重大影響；無論是初階投資人或更有經驗的投資人，都不能不對美國的利率變化保持關注。

　　美國的基準利率指的是聯邦基金利率（Federal Funds Rate，詳見圖解教學）。2008 年金融海嘯及 2020 年新冠肺炎疫情期間，美國都曾經進入零利率的水準。像是 2020 年 3 月 16 日起美國就降息至 0% ～ 0.25%，直到疫後經濟復甦，才又在 2 年後的 2022 年 3 月展開一連串升息。2023 年 7 月實施第 10 次升息後，截至 2024 年 2 月，美國的利率位於 5.25% 至 5.5% 的範圍當中。

事實上，美國聯邦基金利率屬於目標價的性質，作用是透過公開市場操作，將金融業隔夜拆借利率（金融機構之間互相借貸的利率）控制在某一個水準。

當市場資金緊俏、供不應求的時候，隔夜拆借利率自然會被推升，此時聯邦準備理事會（Federal Reserve System，Fed，簡稱聯準會）就可以放出資金，將利率壓回目標水準，確保各金融機構手中資金流動性正常，同時也發揮穩定市場的功能。

而決定這個重要利率的單位，是聯準會體系當中的美國聯邦公開市場操作委員會（FOMC）；其成員共計12位，由7位聯邦準備系統的理事與5位聯邦準備銀行的分行長所組成，由於理事們會有任命時間不同的狀況，未足12人的會議也很常見。

FOMC每年會有8次固定會議，可以視情況緊急增開，為期1日至2日的會議皆在美東時間14時，公布其利率會議聲明稿，在30分鐘後由主席向記者告知貨幣政策重點與接受發問。每年則會發布4次的季度經濟展望

報告，內容主要是聯準會官員對於 GDP 成長率、失業率、通膨與利率前景的預測，對市場影響重大。

該委員會除了決定利率以外，同時也制定如量化寬鬆貨幣政策（QE），或是其他的公開市場操作政策。

除了美國之外，對全球貨幣走勢有重要影響的還有歐元區基準利率，歐洲央行（The European Central Bank，ECB）當前所採取的是「主要再融資利率」（Main Refinancing Operations，MRO），此利率從 2022 年 9 月開始調升，於 2023 年 9 月實施第 10 次升息後，截至 2024 年 3 月為 4.5%。

歐洲主要再融資利率是 ECB 提供金融業 7 天期融資的固定利率，同樣也是透過公開市場操作以穩定市場的重要舉措。決定該利率的單位是 ECB 管理委員會（Governing Council），成員是由 6 名 ECB 執行理事加上歐元區國家的央行行長所組成，每年有 8 次的利率決策會議。會議通常會在歐洲中部時間 14 點 15 分公布利率決議，並且由 ECB 總裁在 30 分鐘後召開記者會解

釋貨幣政策細節。

　除了美國聯邦基金利率、歐元區主要再融資利率這 2 項利率會直接影響全球貨幣走勢，其他主要國家如中國、日本、英國等國家的利率決策，多數只對本國貨幣與經濟有重大影響，因此本章仍會以說明美國為主。

美國基準利率與美元指數並無密切連動性

　前一章解析的各種經濟數據，其實都是連結並影響著各國的貨幣政策，所以升降息或其他的公開市場操作，就屬於央行蒐集完基本資料後所下的結論。因為基準利率的升降會對於全體民眾與企業都造成影響，通常若是開啟升息或降息循環，短時間內不太會改變政策方向，避免朝令夕改讓市場無所適從。

　多數情況下，投資人會覺得高利率或持續升息的貨幣，將吸引熱錢流入，所以容易推動貨幣走升。這個想法相當合理，只可惜美元因為其獨特的地位，沒辦法單純只用利率這個單一因素作為升貶值的答案，但這也會引出

另一個投資上的重點——市場對於升降息的預期，因此依然值得我們來深入研究。

美國利率高低，會直接牽動美元這個世界上流通量最大的貨幣流動性；但是觀察長期以來的美元指數走勢，過去 20 多年來，有時會一同上升且一起下降，有時候則會走相反的方向，因此嚴格來說，美元指數並沒有亦步亦趨的跟著升降息漲跌。

要了解兩者的相關性，可對照過去升降息循環時期與同時期的美元指數變化，觀察當貨幣政策調整時，會帶給美元指數什麼樣的影響，以解讀長期以來利率變化對美元指數的影響性。以下將過去 25 年分為 2 時期說明：

時期1》1999～2013年：走勢曾同步，2004年後分歧

先看比較早期 1999 年～ 2013 年，這 15 年當中，美國一共經歷了 2 次完整的升降息循環：

第 1 次升降息循環（經歷網路泡沫）
升息循環：美元指數亦上漲

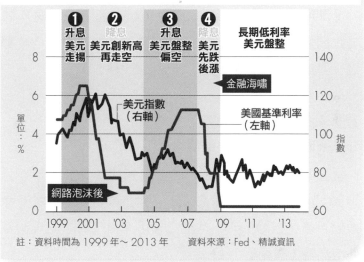

圖1 **2008年快速降息，美元指數先跌後漲**
美國基準利率vs.美元指數

❶ 升息 美元走揚
❷ 降息 美元創新高再走空
❸ 升息 美元盤整偏空
❹ 降息 美元先跌後漲
長期低利率 美元盤整

金融海嘯

美元指數（右軸）

美國基準利率（左軸）

單位：%

網路泡沫後

指數

1999 2001 '03 '05 '07 '09 '11 '13

註：資料時間為 1999 年～ 2013 年　　資料來源：Fed、精誠資訊

1999 年時美國經濟正熱，自 1999 年 7 月啟動升息循環，這段時間美元指數也呈現上漲，從升息當月的開盤價 102.7，漲到結束當月收盤價 110.5，看似相關性頗高（詳見圖 1-❶）。

降息循環：美元指數先創高後下跌

但在接下來的降息循環中，就出現了不同方向的走勢。

隨著 2000 年網路泡沫破裂後，美國自 2001 年 1 月到
2004 年 7 月進入降息循環，但美元指數在降息前期還
於 2001 年 7 月創下新高來到 121，直到 2002 年才
真正開始走入明顯空頭。此後，美國的升降息方向，都
幾乎對美元指數影響不大（詳見圖 1-❷）。

第 2 次升降息循環（經歷金融海嘯）
升息循環：美元指數盤整偏空

　　隨著美國經濟明確復甦，美國又開始於 2004 年 6 月
到 2007 年 6 月進入升息循環，然而美元指數卻在升息
數個月後（2005 年 4 月至 2008 年 10 月）出現盤整
偏空走勢（詳見圖 1-❸）。

降息循環：美元指數先跌後漲

　　2007 年美國出現次貸危機，為了穩定市場，當年 9
月美國開始降息。隔年金融海嘯爆發，2008 年 10 月
至 12 月美國更迅速降息，然而美元指數反倒先跌後漲
（詳見圖 1-❹）。

　　從以上 2 次升降息循環可以看出，利率似乎沒有為市

場清楚指引美元指數的明顯方向。

時期2》2014～2023年：兩者未亦步亦趨

你可能會感到疑惑，畢竟美國為了抑制新冠肺炎疫情後大幅復甦的經濟，而於 2022 年開始快速升息，不也有推動美元走升嗎？我們再來觀察 2014 年至 2023 年最近 10 年間，美國利率變化與美元指數的關係（詳見圖 2）。

相對於前述時期 1（1999 年至 2013 年）的 15 年間，美國經歷過 2 次完整的升降息循環；時期 2（2014 年至 2023 年）只有 1 次自 2015 年底開始的完整升降息循環，以及疫情後自 2022 年啟動，但尚未確立尾聲的升息趨勢。

2015 ～ 2018 年升息循環：美元指數下跌後緩升

先從 2015 年 12 月開始的升息來觀察，當月美元指數高點落在 100.51，確實是 2014 年到 2015 年這 2 年的最高價位，然而接下來美元指數卻開啟一段修正走勢，2016 年 5 月盤中最低曾跌到 91.919，直到

下一次在 2016 年 12 月繼續升息前 1 個月，才衝破 100.51 創波段高點。

而接下來的走勢就更加不符合一般投資人的印象，也就是美國自此一路升息至 2018 年 12 月才停下，但美元指數卻是在 2017 年 1 月見高在 103.82 後就一路往下，最低點落在 2018 年 2 月的 88.25，後續才開始緩步脫離低點（詳見圖 2- ❶）。

2019 ～ 2020 年降息：美元指數走貶後走升

美國利率在 2.25% 至 2.5% 維持一段時間後，開始在 2019 年 8 月啟動預防性降息，美元指數雖有震盪，但並未直接轉弱，短線高點落在 2019 年 10 月的 99.667。

後續在 2020 年疫情剛大爆發時，美元指數還因為避險題材衝到 102.992，最後才在美國快速將利率降至接近 0% 水準與無限量 QE 後走貶。

在進入 2021 年的初期，就比較符合收資金（縮減

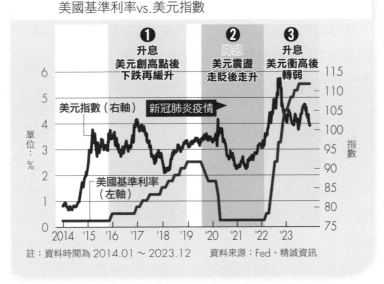

圖2 2023年升息未結束，美元指數已先轉弱
美國基準利率vs.美元指數

❶ 升息
美元創高點後
下跌再緩升

❷ 降息
美元震盪
走貶後走升

❸ 升息
美元衝高後
轉弱

美元指數（右軸）　新冠肺炎疫情

美國基準利率
（左軸）

單位：%

指數

註：資料時間為 2014.01 ～ 2023.12　　資料來源：Fed、精誠資訊

QE 規模）帶動美元走強的想法。美元指數先在 2021
年 1 月落入低點 89.209，隨著聯準會正式開始縮
減 QE 規模跟開始升息，美元指數一路走升（詳見圖
2-❷）。

2023 年美國升息未結束：美元指數率先轉弱

2022 年 3 月美國開始升息後，美元指數也持續上漲，

最高在 2022 年 9 月衝上 114.778，但在美國升息循環尚未結束前，美元指數卻已經開始走低，在 2023 年 7 月基準利率來到最高的 5.25% ～ 5.5% 區間，但美元指數跌至全年最低的 99.578（詳見圖 2- ❸），難道升息反倒成為利空了嗎？

　　這就要引出另一個概念來說明，也就是「升降息的預期」。配合第 1 章結論說明過的，觀察經濟指標時必須將各項數據放在一起綜合評估，大家可將每一次的利率決議視為單一事件，所以屬於各個不同的點，連起來後就是利率的趨勢，但由於市場或投資人喜歡猜下一步會怎麼走，所以延伸這條線的方式就是升降息的預期。

　　因此相對於已經做出結論的貨幣政策，引導價位變化的中短期投資人，會透過對於後續是否持續升息或即將出現反轉的預期，而提早做出應對，因此市場上的匯價也會早一步反映，甚至是出現所謂利多出盡或利空出盡的現象。

　　若要說得精確一點，對於美元指數而言，利率升降並

非不重要,而是投資市場會依照自身期待,進一步強化對未來走勢的預測與布局。例如投資人看到聯準會僅升息 1 碼,但判斷未來可能因經濟強勢而加速升息,所以加強買進力道,導致美元更加強勢;也會出現雖然才升息 3 碼,但投資人認為後續升息力道將變慢,或是已經到了可能引發經濟衰退的邊緣,所以反倒開始獲利了結。

為何其他經濟數據比較不會帶來這種現象,而利率決議特別容易出現趨勢逆轉?我認為主要原因是,就業數據或通膨表現等指標,已經提供足夠多訊息給投資市場評估未來利率趨勢,所以投資人較容易了解政策方向,更有把握調整部位來應對未來。

2策略應用「市場對升降息的預期」布局

那麼,又該如何應用升降息的預期來投資?實務上可以依照操作邏輯,分為 2 個策略來思考:

策略1》長期持有美元:升息預期未消失即可續抱領息

第 1 個是長期持有美元獲利。在升息循環時,只要升

息預期尚未消失，就可以制定「用利息來抵銷匯差風險」的策略，先求提高勝率，再求利息與價差雙頭獲利。

畢竟只要美元利率維持高檔，從過去的景氣循環中可以得知美元匯價長期呈現區間震盪，就算買在稍微不利的價位，都可以利用利息收益撐過帳面虧損的時機，後續就有機會獲利出場。

策略2》投資與利率連動商品：降息時投資高評級債券

第 2 個就是利用與利率更有連動性的商品來操作，例如各國公債與投資級債券。由於多數債券的債息固定，都會有「高利率環境債券價格走低，低利率環境債券價格走高」的特性。

如果確立準備走向降息，投資高評級債券商品的風險較低，未來熱錢回流也很容易造成債券價格大漲。接下來的篇章，將帶投資朋友們來進一步了解債市該如何投資，以及有效的獲利方式。

圖解教學　查詢美國Fed利率

STEP 1　輸入Fed網址：www.federalreserve.gov；或網路搜尋：「Board of Governors of the Federal Reserve System」，進入Fed網站。

進入首頁後，點選❶「Monetary Policy」（貨幣政策）選單中的❷「Policy Tools」（政策工具），進入下一個頁面後，再點選❸「Open Market Operations」（公開市場操作）。

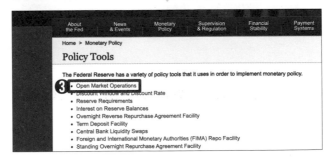

接續下頁

STEP 2

進入下一個頁面並下拉網頁後,可看到利率變化的表格,表頭由左至右為升降息的❶Date(實施日期)、❷Increase(升息幅度)、❸Decrease(降息幅度)、❹Level(%,調整後的利率區間)。利率單位為基點,若為25個基點,則代表0.25個百分點,也就是所謂的「1碼」。由表中可知,2023年最後一次升息為7月27日,升息1碼至5.25%~5.5%。

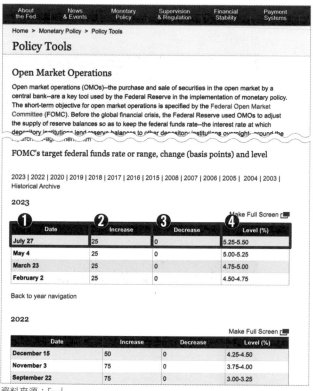

| About the Fed | News & Events | Monetary Policy | Supervision & Regulation | Financial Stability | Payment Systems |

Home > Monetary Policy > Policy Tools

Policy Tools

Open Market Operations

Open market operations (OMOs)--the purchase and sale of securities in the open market by a central bank--are a key tool used by the Federal Reserve in the implementation of monetary policy. The short-term objective for open market operations is specified by the Federal Open Market Committee (FOMC). Before the global financial crisis, the Federal Reserve used OMOs to adjust the supply of reserve balances so as to keep the federal funds rate--the interest rate at which depository institutions lend reserve balances to other depository institutions overnight--around the target established by the FOMC.

FOMC's target federal funds rate or range, change (basis points) and level

2023 | 2022 | 2020 | 2019 | 2018 | 2017 | 2016 | 2015 | 2008 | 2007 | 2006 | 2005 | 2004 | 2003 | Historical Archive

2023

Make Full Screen

❶ Date	❷ Increase	❸ Decrease	❹ Level (%)
July 27	25	0	5.25-5.50
May 4	25	0	5.00-5.25
March 23	25	0	4.75-5.00
February 2	25	0	4.50-4.75

Back to year navigation

2022

Make Full Screen

Date	Increase	Decrease	Level (%)
December 15	50	0	4.25-4.50
November 3	75	0	3.75-4.00
September 22	75	0	3.00-3.25

資料來源:Fed

7大關鍵因素
影響債券投資報酬

　　投資任何一種商品，我們首先需要思考的就是風險與報酬的比例，最好能找到低風險，但可以帶來可觀收益的商品；至於高風險雖然可能帶來高報酬，但通常是留給專業人士或運氣好的投資人。

　　而美國 10 年期公債常被視為長期投資中的無風險商品，這代表了美國 10 年期公債殖利率，是長期投資時應該可以獲得的最低報酬率；所以當美國公債價格一路下跌、殖利率升高時，就會吸引許多資金低接來謀取穩定收益。

　　美國公債雖然接連被調降評等與展望（截至 2023 年底，國際 3 大信評機構中，只剩下穆迪（Moody's）給予最高評級的 3A），但由於美國的軍事與經濟實力依然

強大，美國公債仍被視為市場上最穩定的投資商品之一。

各國央行手上握有的外匯儲備，如果投入到風險較高或流動性較低的商品，可能會因為市場波動而出現巨大損失；但美國公債因為發行量巨大，又有各種不同天期商品可選擇，只要持有至到期就可以先暫時忽略市價的漲跌，因此也是包含台灣在內的各主要央行持有的重要資產。

無論是剛進入投資市場的朋友，還是已累積可觀收益的投資人，也都可以在資產配置上結合長短天期的公債來獲得穩定報酬。雖然難免還是會遇到像 2022 年股債齊跌的環境，但多數時候還是可以避免被市場的大幅波動，影響資產累積的速度。

由於 2022 年～ 2023 年美國的大力升息（從 0%～ 0.25% 升至 5.25%～ 5.5%），長短天期的美國公債價格都出現明顯下跌，導致債券忽然成為一個不可錯過的投資標的。但對於剛認識美債市場的投資人來說，有幾個需要提早了解的原則，在知道債券價格為何漲跌與背

後的因素後，相信能幫助你投資時更加得心應手。

首先，我們從投資債券時需要先了解的風險與獲利機會談起，請留意這邊整理的是包含但不限於美國公債的各種債券；不管大家想要從哪一種債券相關商品切入，都需要留意下列可能影響投資獲利的主要因素。

因素1》利率

市場上的債券有很多種類，多數債券都有所謂的「票面利率」，是指債券在發行時直接印在債券上所約定會支付的利息，例如價格 100 元的債券，票面利率是 5%，代表投資人持有 1 年後，可拿回本金 100 元與債息 5 元。

我們來看看實例，2023 年底時，美國準備發行的 20年期與 30 年期美國公債，其票面利率就設定在 4.75%（詳見圖 1），如果是 10 年期的則設定在 4.5%。

但美國會因為經濟表現來調整基準利率，所以在市場利率較高且可能一路向上時，債券價格就可能走跌。

我們舉個例子來說明,假設聯準會(Fed)將基準利率提升至 8%,而且還有持續提高到 10% 的可能性,則票面利率只有 4% 的 1 年期美國公債自然不會受到投資人的追捧;但如果價格從 100 美元下跌到 94 美元,實際利率就會高於 10.6%,可能就會吸引到投資人買進,因此當基準利率持續升高時,債券的價格就可能一路下跌。

正因為如此,在各國央行升息的環境中,債券價格就很容易因此下跌;反過來說,在降息循環時,債券價格就容易上漲。所以利率波動絕對是影響債券價格變化的重要原因。不過,債券的漲跌幅度,仍會受到債券種類、存續期間與期限溢價等其他因素影響,我們會在稍後一一說明。

因素2》信用風險

由於美國國債的信用評等高,加上全球幾乎都有美元相關的投資工具,美國公債殖利率時常被視為市場的零風險獲利基準,但由於債券相關可投資商品眾多,信用風險也就隨著違約機率而逐步提高。因此在國際知名的

圖1 **2023年底，美國長債票面利率為4.75%**
美國20年期與30年期公債票面利率

註：資料時間為 2023.12.31　　資料來源：美國財政部

3 大信評機構標準普爾（Standard & Poor's）、穆迪與惠譽（Fitch），替眾多企業做出長短期的信用評級，幫助機構或個人在投資相關商品時，能預知可能的風險。

　　來看看 3 大信評機構對於長期信用評等的對照表（詳見表 1）。標準普爾跟惠譽的代號較為相似，從最高評級的 AAA 往下，AA+ 到 A 到 BBB- 都還屬於投資級，但從 BB+ 以下都屬非投資級；穆迪的最高評級為 Aaa，以下開始用 Aa1 往下類推，投資級的最低等為 Baa3，從 Ba1 開始往下都屬於非投資級。

表1 穆迪Ba1以下為非投資等級債

3大信評機構評級比較

信用評等	標準普爾	惠譽	穆迪
投 資 等 級	AAA		Aaa
	AA+、AA、AA-		Aa1、Aa2、Aa3
	A+、A、A-		A1、A2、A3
	BBB+、BBB、BBB-		Baa1、Baa2、Baa3
非投資等級	BB+、BB、BB-		Ba1、Ba2、Ba3
	B+、B、B-		B1、B2、B3
	CCC+、CCC、CCC-、CC、C、D		Caa1、Caa2、Caa3、Ca、C

資料來源：金管會

也因為風險隨著評級下降而開始升高，所以評級愈低的債券，就需要提供較高利息才能吸引投資人。過去在台灣很受歡迎的「高收益債」（現已改稱為非投資等級債），其本質就是「非投資級」；一旦景氣快速轉差、地緣政治風險升高，或是產業出現重要風險，非投資等級債常常會是被拋售的對象。

但究竟評級與違約率之間有多大的關聯呢？這邊我們引用標準普爾在2022年度公布的公司債持有期間及違

圖2 AAA投資級公司債違約率極低
公司債持有期間及違約率統計

Table 24

Global corporate average cumulative default rates (1981-2022) (%)

持有年數 --Time horizon (years)--

	Rating	1	2	3	4	5	6	7	8	9	10	11	12	13	14	15
投資等級	AAA	0.00	0.03	0.13	0.24	0.34	0.45	0.50	0.58	0.64	0.69	0.72	0.75	0.77	0.83	0.89
	AA	0.02	0.05	0.11	0.20	0.29	0.39	0.47	0.54	0.60	0.67	0.73	0.78	0.84	0.89	0.94
	A	0.05	0.12	0.20	0.31	0.42	0.55	0.71	0.84	0.97	1.11	1.23	1.35	1.46	1.57	1.69
	BBB	0.14	0.39	0.69	1.04	1.42	1.78	2.09	2.40	2.70	2.99	3.28	3.51	3.73	3.95	4.19
非投資等級	BB	0.59	1.84	3.28	4.70	6.04	7.27	8.33	9.31	10.18	10.94	11.58	12.19	12.73	13.18	13.67
	B	3.07	7.18	10.85	13.80	16.12	17.98	19.46	20.64	21.72	22.72	23.58	24.25	24.88	25.47	26.03
	CCC/C	25.70	35.37	40.48	43.43	45.63	46.68	47.78	48.53	49.14	49.70	50.12	50.52	51.05	51.49	51.55
	Investment grade	0.08	0.22	0.39	0.59	0.80	1.02	1.22	1.40	1.58	1.76	1.93	2.07	2.20	2.34	2.48
	Speculative grade	3.52	6.79	9.61	11.91	13.80	15.34	16.62	17.68	18.63	19.50	20.23	20.85	21.43	21.95	22.44
	All rated	1.48	2.88	4.10	5.13	5.99	6.71	7.32	7.83	8.28	8.70	9.06	9.37	9.65	9.91	10.16

Sources: S&P Global Ratings Credit Research & Insights and S&P Global Market Intelligence's CreditPro®.

註：資料時間為 1981 年～ 2022 年　　　資料來源：標準普爾

約率統計表（詳見圖２），可以看到，AAA 級的公司債第 1 年就違約的機率為 0%，但持有 2 年就稍微增加到 0.03%，持有 10 年為 0.69%，持有 15 年則再度緩升到 0.89%。也就是說，即使長期投資持有達 15 年，只有不到 1% 的機率會違約，確實是風險較低的投資方式。

若是想要稍微承擔多一點風險來提高債息收益，AA 等

級債券也是相當安全，雖然有 0.02% 的機會在第 1 年違約，但若分散標的來長期投資，持有 15 年的違約風險也只有不到 1% 的 0.94%，依然是相當令人安心的投資標的。

但如果是投資等級債當中最低評級的 BBB 等級債券，在持有第 1 年違約的機率雖然只有 0.14%，持有 10 年就大幅跳升到 2.99%，持有到第 15 年甚至高到 4.19%。可以說是時間一拖長，風險就隨之快速升高。

因此若投資人的主要投資策略是「較為集中在幾檔 BBB 等級債券，又以持有至到期來避免價格波動」，過程中一旦發生債券違約，則可能會讓收益大幅下降，甚至產生損失，此時以一般共同基金或 ETF（指數股票型基金）來長期投資會是較能分散風險的方式。

而即使是非投資等級債中最高評級的 BB 等級債券，持有 5 年的違約率也高達 6.04%，比持有 15 年的 BBB 等級債券還要高，若只集中投資幾檔，要承受的風險相當高。這可能是許多非投資等級債基金的投資組合都讓存

續期間控制在 3 至 5 年內的主因，畢竟若將違約率控制在每年多 1 個百分點上下後，卻可以比 BBB 等級債多出不止 1 個百分點的債息，實際上算是可以接受的選項。而且違約也不一定代表資金全數消失，有少數狀況是重整後還清或是打折，也難怪台灣投資人很喜歡相關商品。

因素3》匯率

由於多數台灣投資人能簡單投資海外債券的管道，是以一般共同基金或 ETF 來布局，而海外債券在發行時可能是以美元、歐元、日圓或南非幣等幣別計價，未來發放的債息也會是同樣幣別。因此我們在台灣買進時，無論是以新台幣計價，或是領到債息時要換回新台幣，就會有轉換貨幣時的匯率風險。

舉例來說，如果投資人在 1 美元兌新台幣 30 元時，買進 1 萬美元面額的美國公債，所支付的成本就是新台幣 30 萬元。若後續債券本身價格不變，但美元兌新台幣匯價從 30 元變成 29 元，此時價值 1 萬美元的美國公債換成新台幣只剩下 29 萬元，投資人就虧損了新台

幣 1 萬元，相當於虧損了 3.33%，這就是匯率波動帶來的風險。

當然，匯率波動也不一定是負面影響，假如同樣在 1 美元兌新台幣 30 元時，買進 1 萬美元面額的美國公債，若美元兌新台幣匯價走升至 32 元，1 萬美元的美國公債就價值新台幣 32 萬元，此時雖然債券價格不變，但台灣投資人就多賺了新台幣 2 萬元，相當於賺了 6.67%，這就是匯率變動帶來的獲利機會。

因素4》再投資風險

由於多數債券有約定票面利率，正常情況下，發債機構都應該如期支付債息並在到期時歸還本金，因此很多大型退休基金或政府基金，都會以「保本」並可以有「穩定收益」為目標，來投資美國公債或高評級的債券，優點是能事先預測未來收益與規畫資金用途。

前面說明過，債券價格會受到基準利率波動影響而漲跌。同樣以票面利率只有 4% 的美國 1 年期公債為例：

升息環境時持有短公債：可鎖定殖利率且到期保本

在基準利率攀高至 8%，且還有可能達到 10% 的環境下，公債價格可能從 100 美元下跌到 94 美元，才讓實際利率高於 10.6%，而吸引投資人買進。但若一開始以 100 美元的價格買進的投資人，帳面上會有市價跌至 94 美元的浮動虧損，然而由於美國公債的違約率極低，只要持有至到期就可以保本，也就是 1 年後仍可實際拿回本金 100 美元加上利息，所以不會造成這些投資人真正的損失。

即將降息時持有短公債：到期再投入殖利率可能降低

然而在基準利率維持高檔，但後續可能很快開始降息的情況下，就會出現短天期公債殖利率高，但長天期殖利率低的情況。就像在 2023 年底的債券市場就呈現這樣的景象，12 月 29 日收盤的美國 10 年期公債殖利率為 3.866%、2 年期公債殖利率 4.25%、1 年期公債殖利率為 4.784%。可以發現，若追求每年 4.3% 的固定收益，全數資金投入 1 年期公債就可以達成，但可能在到期後就無法再達成；全數投入 2 年期或 10 年期，則一開始就無法達成。

若透過投資組合的配置，例如 50% 資金投入 1 年期公債、50% 資金投入 2 年期公債；到了 1 年後，持有 1 年期公債到期，就再繼續投入新的 1 年期公債，只要屆時的殖利率不低於 4% 就可達成。

但在利率持續下滑的環境下，即使透過投資組合規畫，還是有可能在數年後無法達到設定的目標，此時就只能將目光放到投資等級債，甚至非投資等級債，但隨之而來的風險也需要另外克服。

因素5》通膨

在高通膨時代中，投資人的投資報酬率若是低於通膨率，就表示資產被物價上漲所侵蝕。多數情況下，機構投資人都是希望透過債券得到可預期的穩定收益，假設眼前的消費者物價指數（CPI）年增率來到 6%，但 5 年期公債殖利率卻只有 3%，自然表示投資債券的收益被通膨吃掉了，所以當市場預期未來通膨將一路升高時，愈長期的債券價格就容易持續下跌。而在央行開始升息後，根據經驗，會從短期公債殖利率開始上揚，需要一點時

間慢慢往中長期公債傳遞。

當通膨終於受控下滑後，隨著經濟可能降溫，長天期公債的殖利率也會開始下降，但短天期公債會因基準利率尚未下調而維持高檔，此時就可能會出現所謂「殖利率倒掛」——短天期公債利率比長天期公債更高的現象。

因素6》流動性風險

由於現在投資債券商品的管道眾多，若是直接申購發行機構的個別債券，由於各種通路交易模式不同，如果投資人看到已經有滿意的價差空間，而想要提早出售來讓獲利入袋，有可能在少數情況下，會因為流動性不足導致不易成交，或是面臨價格變動較大，甚至是價差擴大帶來的風險。

上述狀況還是在有獲利的情況下所造成的困擾，如果是在價格下跌時想要賣出，剛好遭遇到其他賣方也在拋售的話，有可能因為買方不足而導致價格進一步下跌；更嚴重一點的狀況，則可能因為某種原因而停止交易，

此時就可能需要持有至到期才能夠收回本金。

因素7》事件風險

債券的發行機構可能會因為市場波動、經濟或政治事件的重大變化,而導致信用評等改變或直接違約,這也會直接造成債券價格的波動。例如所謂的「墮落天使」債券,也就是好企業的債券會在風波過後回到應有的水準(詳見2-3),這是屬於比較好的狀況;但比較不好的狀況也會發生,例如中國從2018年以來所面臨的公司債違約潮,主要來自中美貿易戰與新冠肺炎疫情衝擊,所帶來的影響就巨大許多。

由於中國經濟規模龐大,且過去利率較高,許多台灣投資人都有投資相關的公司債,也分布在各大產業當中;但近幾年,從大型國企到房地產商都發生違約問題,連金融機構都可能出現問題,即使是持有一籃子標的的基金也都出現了重大的損失。

類似的事件也曾經出現在美國,從2010年起大力發

展的頁岩油產能，讓油價出現劇烈變化，導致原有的中東產油國出手低價傾銷原油，造成美國頁岩油相關企業在 2014 年前後大量倒閉，美國整個非投資級公司債市場更出現拋售與違約潮。

而政治事件的影響也不容小覷。2022 年俄羅斯入侵烏克蘭後，由於各國祭出多種措施抵制俄羅斯，使得俄羅斯的國際金流被截斷，債券價格下跌並出現流動性風險，俄羅斯公債就曾出現過有資金也願意付利息，但因為金流問題導致無法在應有的期限內支付債券票息，即使後續協商出了解決方式，這段期間帶來的價格波動與違約風險，依然造成投資人不小的麻煩。

2-3 3類重大事件 牽動債券價格漲跌

在投資債券時,會受到利率、信用風險、匯率、再投資風險、通膨等因素的影響,有了這樣的基本概念後,我們就要進一步了解,平時應該注意哪些相關的經濟數據?以及要留意哪些市場重要大事?藉此明白手中債券部位將面臨的變化,無論是要決定耐心持有,或是想適時獲利了結,都能做出清晰的投資決策。以下事件將直接影響債券價格漲跌:

事件1》升息與降息

首先在與利率相關的因素上,最重要的指標就是美國利率的升降趨勢,觀察重點包括 2 大面向(詳見表 1):

面向①》美國經濟表現

表1　通膨高低將直接影響債券價格

影響利率的2大面向

	GDP
	就業數據
1.美國經濟表現	物價數據
	ISM製造業採購經理人指數（PMI）
	Fed主席談話
2.聯準會動向	FOMC成員談話
	利率會議紀要

> 物價數據呈現通膨高低，直接影響債券價格

平時可對美國的經濟表現保持關注，最好的方式就是留意定期公布的經濟指標，包括 GDP 年增率（經濟成長率）、就業數據（失業率、非農就業人口變化等）、物價數據（消費者物價指數（CPI）及 PCE 物價指數年增率）、ISM（美國供應商管理協會）製造業採購經理人指數（PMI）等。

面向②》聯準會動向

懂得觀察經濟數據的投資人，對於利率將怎麼變化，多多少少可以做出基本的預期，但是最終還是要看聯準會（Fed）的決策。因此包括聯準會主席及 FOMC（美

國聯邦公開市場操作委員會）成員的談話，以及利率會議紀要等資料，都必須有基本的了解。只要稍加注意，投資朋友們一定都能在各大財經媒體看到相關報導，不妨多多保持關注。

　　要特別注意的是，上述提到的觀察重點中，物價相關數據透露的通膨方向，對於債市的影響會比其他幾項重要許多！請記得，其他因素雖然是影響聯準會升降息的原因，但是「通膨高低」會直接影響債券價格。

事件2》調降信用評級

　　債券的信用評級高低，會直接影響許多機構投資人投資的意願，還有各大基金公司所發行的共同基金或 ETF（指數股票型基金），在設計產品時也幾乎都有設定評級標準。例如一檔「投資等級債 ETF」的投資組合，只能持有投資等級債券的基金，若組合中的債券遭到降評成為非投資級，基金公司就必須盡快出脫才能合乎規定。尤其當前金融市場發行的 ETF 愈來愈蓬勃，如果有多檔 ETF 同時拋售同一檔債券造成拋售潮，自然會造成該債

券價格的大幅下跌。

不過有時會出現一種特殊狀況,就是所謂的「墮落天使」,也就是長期被視為投資級的公司債,可能在市場或產業出現極端狀況時,被降評為非投資級債。但若有許多投資人認為其企業本質依然穩健,反而會在被拋售後快速出現承接買盤,當極端狀況解決後,債券價格也可望快速走揚。

這樣的案例在近年就發生過,在 2020 年全球遭遇新冠肺炎疫情肆虐時,不少大型企業的債券就忽然從原先的投資等級被打入非投資級;由於事關重大,聯準會也罕見表態,在購債救市的計畫中納入了部分墮落天使債,吸引投資人承接後,隨著疫情過去,也確實表現比一般非投資等級債要好。

事件3》供需關係出現變化

2008 年以來,美國債務不斷攀升,過去較少見到的量化寬鬆貨幣政策(QE)彷彿成為常態,各種被動型的

ETF 成為市場主流，在這樣的環境下，有幾個因素會各自影響不同種類的債券，我們統稱為供需所導致的債券價格變動因素。

以美國為例，影響公債供需關係的因素有 4 大項，包括債務上限、新債發行、避險需求、央行公開市場操作：

因素①》債務上限

債務上限（Debt Limit）指的是美國國會為政府制定的舉債金額最高限制，讓政府可以不經國會同意就發行債券。而一旦到達債務上限，美國就不能繼續發債，若政府現金不足又無法發債，恐會導致美國無法繼續支付債務利息、發放社會保險金、停止聯邦政府非必要服務等「政府關門」狀態。

在正常情況下，債務上限會導致政府難以借新債來還舊債，雖然減少了公債的供給量，但因為可能會導致債務違約，因此每當傳出相關風險時，都很容易讓債券價格出現較大波動，多數情況下屬於債券的負面消息，但客觀來看，美國公債因為有獨特的避險地位，所以並非

每次都會下跌。

回顧過去的歷史,美國每隔一段時間就會面臨一次債務上限危機,最後多以提高債務上限讓危機落幕。最近的一次是在 2023 年,市場擔憂違約及政府關門,導致部分投資人失去信心,美國公債價格急跌;同年 8 月,信用評級機構惠譽(Fitch)更將美國的信用評級從 AAA 調降至 AA+,也使當時的美國公債市場產生震盪。

另外,其實歐元區也有規範要求成員國不能過度舉債,所以如果未來看到歐元區也因此出現紛爭,大家就不用太意外。

因素②》新債發行

在新債發行方面,對於公債來說,最大的問題是幾乎所有國家都一直在擴大發債,尤其在疫情造成經濟打擊時,政府不但要籌措資金防疫,也要找經費來振興經濟,因此債務跟著大幅攀升。有時可以看到,當美國各天期公債認購幅度或價位低於市場預期時,會反過來進一步推動公債價格下跌。

因素③》避險需求

避險需求這一項大概只存在成熟市場中最被信任的公債，像是美國或德國等。例如當市場出現較大波動，導致資金流出風險性商品時，資金就會轉而湧向高安全性的高評級公債市場。另一方面，也可能是當市場預期即將有降息動作，所以搶先布局，但如果沒有貨幣政策上的變動，通常湧向債市的避險需求不會維持太久。

另外，如果是發生大型的經濟衰退或難以評估後市時，對於市場熱錢來說，「美元」才是終極避險商品。

因素④》央行公開市場操作

在央行公開市場操作時，可以是利用 QE、量化緊縮（QT）或扭轉操作（OT）來直接影響整個債券市場，要完整解釋這 3 樣非常規貨幣政策的篇幅太大，我們用比較簡化的模式，來說明是如何影響債券市場，主要讓大家了解這些措施通常會推動債券價格的漲跌。

❶量化寬鬆

量化寬鬆是央行出手買進各天期公債與指定的其他債

券，多數情況下就是要將市場借貸成本壓低。

　　因為金融機構在收受存戶存款後要給予利息，如果金融機構將資金放在公債市場就可以負擔利息，相較景氣不佳時貸給企業資金可能會有壞帳導致虧損，銀行不會想要積極放貸；但在透過 QE 壓低公債利率後，銀行就有必要放寬門檻或提供低息資金給企業，才能讓金融市場穩定運作。

❷量化緊縮

　　量化緊縮則是反過來開始減少央行手中的公債與其他債券，主要原因不一定是要推高市場利率，畢竟量化寬鬆屬非常規的貨幣政策，是在降息已沒什麼效果下，進一步壓低市場利率的做法。所以結束緊急狀況後，量化寬鬆就要緩步退場，避免金融市場過度依賴央行提供支持，也是為以後出現危機時預留準備。相對 QE 在擴張資產負債表，QT 是縮減資產負債表規模，也稱為縮表。

❸扭轉操作

　　扭轉操作相對於量化寬鬆又更激進一點，是透過央行

調整手中債券的組合，來進一步將整個殖利率曲線壓平。因為降息或 QE 通常是導致殖利率曲線整個向下平移，正常還是處於「長天期公債（簡稱長債）殖利率高於短天期公債（簡稱短債）殖利率」。而透過 OT 會進行賣出短債且買進長債的操作，可以保持持有的債券總額不變，但讓短債殖利率微幅上揚，然後壓低長債殖利率，使整條殖利率曲線扁平化，讓企業願意做更長年限的借貸與投資，藉此來推動經濟成長。

最後簡單總結一下，QE 會壓低整條殖利率曲線，QT 會提高整條殖利率曲線，OT 會讓殖利率曲線扁平化；也就是 QE 會推動債券價格上漲，QT 會推動債券價格下跌，OT 會推動長債價格上漲（詳見圖 1）。

期限溢價回歸均值時，長債價格可能下跌

在正常的狀況下，較長天期的公債，能提供比短天期公債更高的收益，這也是投資人願意將資金借給政府較長時間的主要誘因。長債需持有較長時間，投資人必須承受持有期間通膨上升的風險，因此長債殖利率會比短

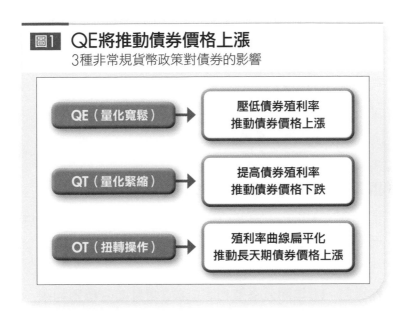

圖1　QE將推動債券價格上漲
3種非常規貨幣政策對債券的影響

QE（量化寬鬆）	→	壓低債券殖利率 推動債券價格上漲
QT（量化緊縮）	→	提高債券殖利率 推動債券價格下跌
OT（扭轉操作）	→	殖利率曲線扁平化 推動長天期債券價格上漲

天期來得更高，長債所能提供的較高利息，就視為為投資人可獲得的補償，這當中的差額就稱為「期限溢價」。

自 2017 年以來因為投資市場較為動盪，導致期限溢價時常呈現負值，這個現象暗示著此時長天期公債價格較貴，未來可能出現期限溢價回歸均值的趨勢，也就是長債殖利率上升與價格下跌的景象。由於美國在 2022 年開始快速升息，導致短天期公債如 3 個月到 3 年期的

美國公債殖利率高於 10 年期公債殖利率，而非正常情況下長天期公債殖利率較高的狀態，這個現象就被稱之為「殖利率倒掛」。

「殖利率倒掛」常用的指標有 2 個：

指標1》10年期公債殖利率低於2年期公債殖利率

美國公債出現這樣的倒掛，已經從 2022 年 7 月 6 日延續到至少 2024 年 2 月 29 日。

指標2》10年期公債殖利率低於3個月期公債殖利率

美國是從 2022 年 10 月 25 日延續到至少 2024 年 2 月 29 日，是 1982 年有統計以來最長的一次。

根據過往歷史，美債殖利率倒掛的環境往往是景氣已來到高點，未來的經濟前景恐怕不佳，經驗上會接近降息的時機點。而這一次，美國殖利率倒掛已從 2022 年下半年開始持續一年多的時間，儘管截至 2024 年 3 月中旬美國聯準會都尚未鬆口降息，但也已經沒有繼續升息，所以對於投資人而言，此時很有可能是布局美國公

債市場的良機。

　但需要特別一提的是，公債殖利率會因為市場對於未來一段時間基準利率的預期而產生變動，期限愈短的公債，愈容易預測期限內的基準利率變化，因此短債的殖利率與基準利率連動性最高。但隨著債券天期逐步拉長，在利率方面的變數就愈多，加上通膨若一路升高，也會影響投資人買債的意願，因此公債天期愈長，與基準利率的連動性也會愈低，較多反映在通膨預期當中。

　因此就算聯準會真的啟動降息循環，也有可能是壓低了短天期公債殖利率來結束殖利率倒掛，並非必然會壓低長天期公債殖利率，若再加上期限溢價回歸均值的影響，有可能出現長天期公債殖利率不降反升的變化。

2-4　依風險屬性與收益目標 挑選合適的債券商品

　　台灣近年推出了許多優質的 ETF，其中也有不少美債相關 ETF 可供選擇，2-3 已經告訴大家影響債券價格的因素，現在就來分享如何選擇適合自己的債券 ETF。

　　首先，債券在到期前的市價雖然會有波動，但只要投資人能夠長期持有，在發債方能夠按時支付利息且到期還本的情況下，持有過程中的價格波動並不會造成投資人真正的損失或收益。尤其是美國公債因為牽涉到美國政府信用，雖然常常會有債務上限或遇到政府停擺等危機，卻並沒有真正違約過，也被市場視為非常優質的債券商品。

　　所以對於台灣一般投資人來說，美國公債的違約風險，大概只比在合格且有存款保險的金融機構存款高一些。

從風險屬性上來說的話，美國公債本身可以做到接近零的低風險，例如利用原本就持有的美元直接買美國 3 年期公債並持有至到期，就可以穩定獲得債息與本金。所以非常保守型的投資人，也可以得到比一般定存穩定或更高的收益，但缺點是如果持有過程中需要資金，就要把債券賣出，此時會面臨本金可能無法百分之百拿回的問題。

而在台灣交易所掛牌的債券 ETF，都是追蹤不同年期的債券指數，基金經理人會依照指數結構，去持有能夠獲得跟指數相同表現的債券組合，因此會在規定的時間點調整手中部位，也就是債券多數不會持有至到期。再加上美債是投資於海外的商品，有匯率風險，若是中短線投資或在極端一點的環境下持續投資幾年，還是有可能呈現虧損。

債券投資人可分為5類型

每個投資人的個性與願意承受風險的程度不同，我特別按投資人風險屬性分類，讓各類投資人可以快速了解

自己適合的債券商品（詳見表1），希望能幫助你根據
合理的收益目標，挑選到適合的產品。

1.極度保守型》保本為原則，適合定存或台灣公債

首先若是目標放在本金絕不能有所虧損的朋友，即使
是買了短天期美國公債等被市場視為極低風險的商品，
還是有可能因為匯率波動而產生虧損。所以在低於存款
保險額度的範圍內（在同一家合格金融機構的存款最高
保額為新台幣 300 萬元），可將錢放在新台幣定存，另
外也可以考慮投資台灣公債，這 2 種工具都有政府作為
你的後盾。

2.保守型》追求優於定存收益，可挑美短期公債ETF

保守型的投資朋友，若要投資台灣可買到的美國政府
公債 ETF，就以短天期為主。因為流動性不錯且短期內
收益穩定，有跟定存差不多的債息收入，資金卻不會被
綁住太久，可以更靈活運用資金。

只可惜因為從 2024 年後可能降息，會出現「再投資
風險」問題，所以如果要投資超過 1 年就需要事先訂下

表1 穩健型投資人可配置長短天期美國公債
5種債券投資人的風險屬性與對應投資工具

風險屬性	收益目標	適合債券與類似商品
極度保守型	本金絕不能有所虧損	新台幣定存或台灣公債
保守型	可以承擔一點風險來追求比美元定存好的收益	短天期美國公債為主，部分長天期美國公債
穩健型	希望有穩定配息又有價差空間	長短天期美國公債平衡配置
略微積極型	能夠承擔多一點波動，了解底部何時出現	短天期公債與投資級公司債為主，適時轉換低接有獲利空間的長期公債
積極型	有能力做短線價差，希望1年超過10%收益	投資級企業債加非投資級債為主，找機會做長債價差

計畫；若非自 2022 年以來，美國公債有殖利率倒掛的現象，配置部分長天期公債可以提高中長期的債息收益。

3.穩健型》長短天期美國公債平衡配置

穩健型的投資人，會希望能有穩定的債息收益，並同時掌握到價差獲利空間。因此在投資組合上，可以考慮這個方式——半數資金用短天期債券先確保近期的收益，另外半數則可以配置降息循環時，價差空間較大的

10 年期或 20 年期公債。

　須先提醒讀者一件事，由於美國降息會最先影響短期公債利率，然而殖利率倒掛的現象尚未結束（截至 2024 年 2 月底）；如果降息前後殖利率曲線會回復正常，也就是短天期公債殖利率往下走或長天期公債殖利率上揚，那麼即使真正降息了，也不代表 10 年期以上公債殖利率必定會下降。

　自 2010 年～ 2023 年這段時間中，美國 10 年期公債與 2 年期公債兩者利差最高為 2.83%，最低落在負的 0.93%（詳見圖 1）；以月均值來計算這 14 年間的平均利差為 1.1%，所以即使基準利率在 2024 年～ 2025 年間降至 3% 水準，10 年期公債殖利率依然可能達到 4% 以上。

4.略微積極型》以短公債、投資級公司債為主
　略微積極型的投資人，無法期待長期只用低風險公債作為投資組合就達成收益目標，所以除了要承擔多一點波動帶來的風險外，還要具備能找到相對高低點的能力。

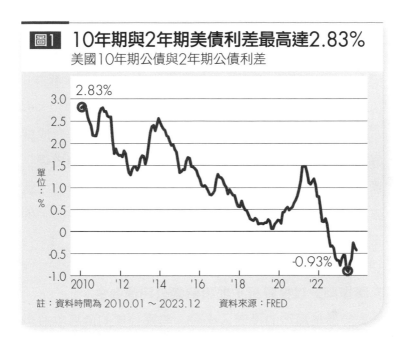

圖1 **10年期與2年期美債利差最高達2.83%**
美國10年期公債與2年期公債利差

註：資料時間為2010.01～2023.12　　　資料來源：FRED

但畢竟只是略微積極，所以在債券方面的配置，還是以低風險的短期公債與投資級公司債為主，尤其是投資級公司債的債息通常又比公債高，在投資組合中的占比方面也要比較高。

另外，可以保留一些剩餘資金，等待長天期公債或較長期的投資級公司債，出現底部訊號後出手。這部分可

以試著將目標放在賺取價差空間，有一定獲利就可以出場，好處是就算摸底失敗也還是有債息收益，且因為已經在相對較低點進場，殖利率也會比價位高的時候要高。

不過還是要提醒大家，這方面的資金最多投入 3 成就好，同時也事先計畫好，一旦看錯方向，是該停損出場？還是要做長期投資？其實投資優質債券的主要目的，應該還是以穩定的收益為主，如果做價差卻做到虧損，就真的得不償失。

5.積極型》以投資級＋非投資級公司債為主

對於最積極型的投資人來說，美國公債的債息收益恐怕無法滿足需求，因此可能要調整到以投資級跟非投資級公司債為主力。配置原則是用較短年期的非投資級公司債作為短債重心，長天期的投資級公司債為長債重心，剩下的資金就找價差波動較劇烈的長債，來作為以月或季進出的價差投資工具。

至於價差大約可抓 10% 以上。就以 2024 年 3 月中旬來說，台灣投信公司發行的 20 年期以上美國公

債 ETF，其平均有效存續期間約在 16 年～ 17 年，意思是殖利率每下降 1 個百分點，價格就會上漲 16% ～ 17%。

大家可能想說，為什麼做了這麼多搭配，還要有進出場能力，卻只能期待 10% 以上的報酬率？主要還是因為投資債券的重點在於穩定配息，本身就不是設計來給投資人做短線價差。在有明顯價差機會出現時當然可以把握，只是並不適合視為主要獲利來源。

美國公債ETF依到期年數可分4大類

美國公債有相當多種類，但以 ETF 來投資的話，可以簡單用到期年數來分類就好，大致上可分為 1 年內、1年～ 3 年、3 年～ 10 年與 10 年以上：

類型1》超短期公債：1年內

1 年以下的超短期公債，會最快反映基準利率實際調整時的變化。升息時雖然會有價格下跌的現象，後續也會用殖利率上升補貼給投資人，所以債券本身價格風險

並不高，但由於是以美元計價，所以對於台灣投資人而言有匯率風險。

在 2023 年底至 2024 年初這段時間，美元兌新台幣一度快速走貶，就導致短天期公債 ETF 價格波動劇烈。我們取中信美國公債 0-1（00864B）這檔 ETF 的股價走勢圖為例（詳見圖 2），帶大家觀察一下匯率風險浮現時，對於台灣發行的超短天期美國公債 ETF 會造成什麼樣的影響。

00864B 價格高點落在 2023 年 11 月 1 日的 44.45 元，低點落在同年 12 月 28 日的 42.23 元，也就是這段期間，ETF 股價一度下跌達 4.99%。

但若觀察對應的指標——美國 3 個月期公債，同期間殖利率是從約 5.47% 降至 5.4% 左右，1 年期公債殖利率則是從 5.39% 附近降到 4.8% 附近，公債價格本身都是上漲的走勢；或是直接比較美國基金公司發行的 iShares 1-3 Year Treasury Bond ETF（代碼：SHY），同期間股價則是從 80.98 美元上漲到 82 美元，漲幅

圖2　00864B與美元兌新台幣走勢同步向下

中信美國公債0-1（00864B）日K線走勢圖

下跌 4.99%

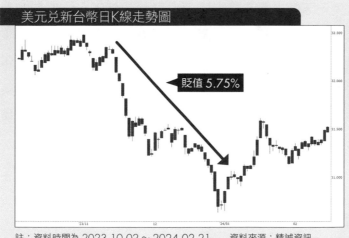

美元兌新台幣日K線走勢圖

貶值 5.75%

註：資料時間為 2023.10.02 ～ 2024.02.21　　資料來源：精誠資訊

195

1.26%，那麼為何台灣投信公司發行的這檔公債 ETF 反而下跌？

答案就在於美元兌新台幣匯價（簡稱美元匯價）波動，來看看同期間的美元匯價（詳見圖 2），可以發現高點同樣也落在 2023 年 11 月 1 日的 32.49 元，低點落在 12 月 28 日的 30.62 元，波段跌幅大約是 5.75%。不細算債券 ETF 的折溢價問題的話，差不多是抵銷了債券價格上漲後，00864B 這檔 ETF 的下跌幅度。

美元匯價走貶時帶來的匯率風險雖然不小，但若順著美元匯價走升時投資，匯率方面就可以是投資人進一步擴大獲利的助力。我們把觀察時間拉長一點，2023 年初到 11 月初，美國 1-3 年公債價格持平，然而因為美元匯價一路走升，就推動了台灣發行的超短期美國公債 ETF 價格一路走高。

像是這段期間的 00864B，從 2023 年 2 月股價低點，到 11 月初最高點出現了 12.3% 的漲幅（詳見圖 3），這就是匯率因素影響台灣投資人買短天期公債的實際表

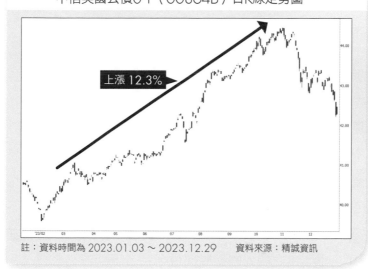

圖3 **00864B在2023年漲幅最高達12.3%**

中信美國公債0-1（00864B）日K線走勢圖

上漲 12.3%

註：資料時間為 2023.01.03 ～ 2023.12.29　資料來源：精誠資訊

現。由於超短期公債 ETF 進出場方便又不綁期限，可以是美元定存之外的短期高息商品最佳選擇；但也因為較容易進出場，若在價格下跌較快時出場，還是可能會有價差損失。

　　超短期公債可視為保守型投資人的穩定收益來源，只是如果追求一直要有 4% 以上的債息收益，那麼在進入

降息循環後，並不容易達成目標，因為將會面臨再投資
風險。

　　台灣現在可買到的超短債 ETF，主要有前述的
00864B 及國泰 US 短期公債（00865B）。

類型2》短期公債：1年～3年

　　1 年～ 3 年的短期公債，則可以稍微降低在進入降息
循環後的再投資風險，但未來升降息帶來的利率波動也
隨之提高，同樣也是保守型投資人的主要商品之一。不
過，除非本來就是設定想做短期價差，不然就不適合在
1、2 個季度之間大幅變動部位。

　　台灣現在可買到的短期公債 ETF，主要有富邦美債 1-3
（00694B）、元大美債 1-3（00719B）……等。

類型3》短至中期公債：3年～7年與7年～10年

　　3 年～ 10 年的短至中期美國公債，還可以細分為 3
年～ 7 年與 7 年～ 10 年。由於存續期間拉長，跟短期
公債相比的波動幅度也明顯變大，適合想要從保守走到

穩健型配置的投資人。

不過比較可惜的是，台灣目前只有 7 年～ 10 年的美國公債 ETF，波動幅度明顯比 1 年～ 3 年期的 ETF 要高出許多，大家想投資之前請先了解其中差異唷！

台灣現在可買到的短至中期公債 ETF，主要有富邦美債 7-10（00695B）、元大美債 7-10（00697B）……等。

類型4》長期公債：10年以上

10 年以上的美國長期公債 ETF，自 2022 年升息以來，因為價格回落幅度較大，成為投資朋友們心目中債息與價差兩頭賺的理想標的。但還是要提醒投資朋友，影響長天期公債價格的因素除了利率真正出現升降外，金融市場預期未來升降息的氣氛、給予持有長期公債投資人利息補貼的期限溢價，以及對於通膨的預期，都是相當重要的變數。

台灣現在發行的長天期美國公債 ETF，主要都集中在 20 年期。對於想要從穩健型邁入更積極投資的投資人來

說，20 年期公債 ETF 的波動幅度又比 7 年～ 10 年期高出近 1 倍，在調整投資組合初期需要更加謹慎，避免遭受較大的價差損失，導致把領取的債息一下子就賠回去。

我們也建議投資人，可以多到發行長天期公債 ETF 的投信投顧公司官網，定期檢視其投資月報與了解持有標的的變化（詳見圖 4），其主要原因有 3 個：

1. 了解其內扣費用高低

由於許多投資人都希望可以長期領息，所以在其他條件相同的情況下，內扣費用較低有利於長期投資人節省投資費用，自然可以幫助提高獲利。

2. 定期檢視績效是否合乎預期

由於各債券 ETF 皆有追蹤指數，多數情況下只要以指數中的相似配置就可以複製接近的報酬，但由於實際操作上會有其他的成本、持有部位的調整，甚至是手上現金配置多寡，多少都會影響到實際上的績效。如果定期檢視發現該 ETF 表現不如預期，就需要深入了解原因，甚至是考慮調整後續的配置。

圖4 00687B債券平均到期殖利率為4.49%

國泰20年美債（00687B）持股權重資訊

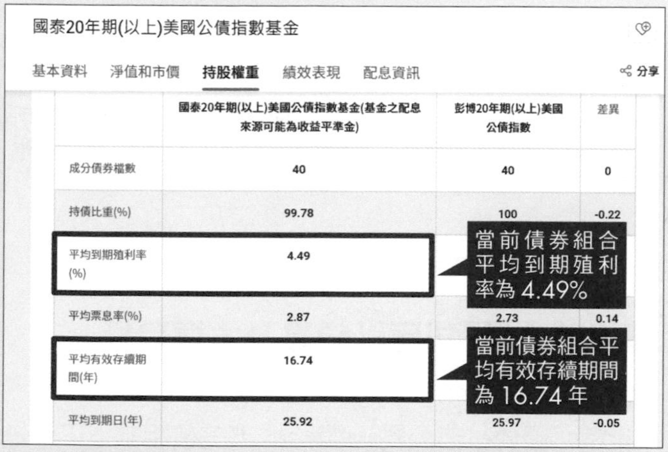

國泰20年期(以上)美國公債指數基金

基本資料　淨值和市價　**持股權重**　績效表現　配息資訊　　　　　◀ 分享

	國泰20年期(以上)美國公債指數基金(基金之配息來源可能為收益平準金)	彭博20年期(以上)美國公債指數	差異
成分債券檔數	40	40	0
持債比重(%)	99.78	100	-0.22
平均到期殖利率(%)	4.49		
平均票息率(%)	2.87	2.73	0.14
平均有效存續期間(年)	16.74		
平均到期日(年)	25.92	25.97	-0.05

> 當前債券組合平均到期殖利率為4.49%

> 當前債券組合平均有效存續期間為16.74年

註：1. 國泰20年期（以上）美國公債指數基金為「國泰20年美債（00687B）」；
2. 資料時間為 2024.02.26；3. 平均有效存續期間為債券組合存續期間的加權平均值

資料來源：國泰投信網站

3. 了解相似天期債券 ETF 的債券組合存續時間

由於債券組合存續時間愈長，價格波動通常愈大，如果在進行資產配置時，本來就希望以價差為出發點來投資，自然是選擇存續時間較長的 ETF 為主要配置，這樣在真的出現價差空間時，才能獲得預期利益。但這邊就要留意，是否本來就做好了短期交易的心理準備？

　　因為每檔 ETF 的設計都有其主要優勢，短期價差與中長期投資著重的方向不同，選擇的標的也可能出現差異。

　　台灣現在可買到的長期公債 ETF，主要有元大美債 20 年（00679B）、國泰 20 年美債（00687B）、富邦美債 20 年（00696B）、統一美債 20 年（00931B）……等。

投資美國公債ETF應以領息為主要目標

　　多年前，國內投信公司一開始推出美債相關 ETF，是為了給投資人更多優良的投資商品選擇，也給了法人避險或簡單的資產配置去處。美國聯準會（Fed）的暴力升息導致債券市場大幅下跌後，獲利空間大幅看增的美國公債 ETF，成為廣大投資人的心頭好。

　　要提醒大家的是，若單純只追求長天期公債的價差空間，很容易在行情不如願時信心潰散，反而虧損出場。

　　相較於股市的配息要看企業經營狀況與經營政策，美

國公債的配息穩定加上信用評級高，其實更適合想要單純收息，而不預測價格漲跌的投資朋友。畢竟只要能夠知道自己的風險承受能力，以及對於市場有合理認知，就能設定容易達成的投資目標。

目前台灣投資人所投資的美國公債產品，主要還是以 ETF 為主，投資門檻低、交易也方便。而高資產族群若要直接購買美國的公債，除了美國投資人可以直接向美國財政部購買，在台灣的投資人也可以透過銀行或證券商購買美國公債。

直接持有美國公債的好處是，可以透過持有至到期這個投資方式來確保收益，缺點則是各家報價可能不同，所以會需要多比較，才能知道從哪裡購買比較優惠。此外，直接持有美國公債的流動性，也可能比投資公債 ETF 差，交易成本也可能比較高。

最後要提醒的是，投資債券 ETF 無法保證配息金額與配息率。因為沒有持有到期領回本金的那一天，因此從 ETF 領取的配息，只是把錢從 ETF 裡面領出來而已，並

不代表真正的獲利。

　而國內近期也開始有不少債券 ETF 納入收益平準金機制，讓長期投資人不會因為短期大量新資金投入而導致收益遭到稀釋。畢竟當市場瘋搶時，可能會造成溢價（股價高於 ETF 淨值），讓投資人有機會能夠賺到價差；但若只是想要穩定領息的投資朋友，也通常不會因為溢價而趁機出場，所以透過收益平準金機制來確保未來權益也是相當不錯的方式。

　從發行 ETF 的投信公司網站可以看到，各檔美國公債 ETF 每天都會列出當前的「到期殖利率」（詳見圖 4，若是公司債 ETF，則會顯示「最差殖利率」），這個殖利率數字是包括投資人現階段買進這檔 ETF，領到的配息和價差所能帶來的殖利率，並不等於配息率；加上基金公司為了符合 ETF 持債的到期日，也會更換手中的債券，所以配息率是會每天浮動的。

　這都是債券 ETF 投資人需要搞清楚的特點，有了正確的認知，才會更清楚這些產品是不是真正適合自己。

　　至於不配息的債券或債券 ETF，就會累積在淨值裡，報酬一樣拿得到，還省下配息中途時間成本及稅務問題。例如台灣投信公司發行的復華 20 年美債（00768B）、00865B、00864B 等，都是配息累積型的債券 ETF。

適度配置投資等級債
獲取比公債更高的殖利率

　　在低利時代，大家都希望能有較高的利息收益；在高息時代，大家就會希望擁有更高的利息收益。因此，隨著風險略微提升，投資等級債能夠給投資人比公債更高的殖利率，自然也是略微積極型投資人可配置為投資組合的不錯選項。

投資等級債》布局時留意2重點

　　由於投資級公司債的發行機構是優質企業，所以多數情況下還款能力都不差，但相比政府來說，其穩健程度依然是稍微差了一點；加上同樣是投資級的公司債，也還是有由高至低不同評級的差異，所以雖然都是投資級，AA 級跟 BBB 級的殖利率，可能本身也有不小差異，如果能採取混合配置，甚至多配一些剛好在投資級評級底

線的公司債，整體投資組合的殖利率也會更加漂亮。

可能由於殖利率相較同天期的美國公債要來得高，因此台灣市場中投資級公司債 ETF 的選擇並不少，雖然大多數都是長天期，但也還有短天期如 1 年～5 年的選項。

由於天期愈長，本身的波動就容易更加劇烈，加上若是遇到經濟不穩或極端狀況，導致股市一時之間下殺過快，投資等級債因背後的發行機構需要存活，所以有可能也成為被拋售的對象。

這邊還有 2 重點需要提醒大家：

重點1》留意追蹤指數是否跨足其他市場

因為台灣可以直接買到的投資級公司債 ETF，其持有標的雖然絕大多數是以美元計價，但投資區域不一定是美國當地市場，發行機構也不一定是美國企業，要看追蹤的指數是否有限定只能投資於美國企業或美國市場。畢竟不同市場的基準利率，可能會導致該公司債的殖利率高低有別。

重點2》避免重壓單一產業

除非相當了解特定產業或深具信心,重壓單一產業的公司債,無論是投資級或非投資級都可能帶來較高風險。

我們可以用表 1 來觀察,在長期投資與發生極端事件時,同屬投資級但主力持有等級不同與美國公債的影響。請注意,我們已經都以 20 年期以上債券 ETF 來橫向比較,不過還是會受限於當下市價的折溢價、市場氣氛或匯率等因素影響,但我們希望能充分表現極端事件出現時的實際狀況,所以沒有另外做淨值或匯率的調整。

首先可以看到,元大投資級公司債(00720B)與元大 AAA 至 A 公司債(00751B),雖然都是持有投資級公司債,但元大投資級公司債的主要持債等級是降評就會掉入非投資級的 BBB,而元大 AAA 至 A 公司債則是更高一階的 A 級。在風險報酬等級的認定上,3 檔 ETF 皆屬於相對低價格波動的 RR2。

而歷經美國暴力升息打壓後,可以發現 3 檔長天期債券 ETF 無論是 2 年或 3 年的累積報酬率都呈現雙位數的

表1 00751B遇新冠疫情時仍有劇烈波動

3檔ETF主要持債等級與漲跌幅度比較

ETF （代碼）	元大 投資級公司債 （00720B）	元大 AAA至A公司債 （00751B）	元大 美債20年 （00679B）
主要持債等級	BBB （公司債）	A （公司債）	AAA （美國公債）
風險報酬等級	RR2	RR2	RR2
2年累積 報酬率（%）	-14.85	-17.92	-28.38
3年累積 報酬率（%）	-17.59	-23.12	-33.12
2020年3月 最大振幅（%）	30.27	**30.43**	22.57
2020年3月 漲跌幅（%）	-11.74	-4.79	8.47

註：資料時間為 2023.12　　資料來源：元大投信官網、精誠資訊

虧損。但由於元大投資級公司債的存續期間比元大 AAA 至 A 公司債短，元大 AAA 至 A 公司債又比元大美債 20 年（00679B）短，所以衝擊也比較小；再加上殖利率較高，彌補了不少價格下跌的損失，如果後續美國經濟穩定且開始降息，確實可以期待 3 檔投資級債券 ETF 能有更好的表現。極端狀況我們就以 2020 年 3 月新冠肺炎疫情爆發時為例，當時美股出現崩盤等級的表現，債

市波動也相當劇烈，2 檔投資級公司債 ETF 當月振幅都達到 30%，而公債 ETF 則是略低的 22.57%，算是有抗震表現。而整個月算下來，以 BBB 等級為主的 00720B 下跌 11.74%，A 級的 00751B 下跌 4.79%，被視為避險商品的長天期美債 ETF 00679B 則上漲 8.47%。

綜合以上表現，可以知道在市場穩定時，多配置較低評級的投資級 ETF 確實不錯；但若要求更低波動，甚至在極端狀況下守護資產，還是要回到美國公債。當然還有另一種極端現象是 2022 年的股債齊跌，在股市下跌時，美國公債卻也一起跌，沒有為整體資產降低波動，不過這仍可以透過長期持有，或是調整資產配置的方式來解決。

非投資等級債》隨景氣波動，無避險效果

債券的利息收益愈高，愈能吸引人投資，因此「非投資級公司債」一向被基金公司包裝為「高收益債」。但也別忘了，這類債券也被稱為「垃圾債」，意思是因為信用評級較差、違約風險高，一旦公司出事，所發行的

債券也可能會瞬間一文不值。

　　正因非投資等級債信用風險相當高，很容易在一有風吹草動影響下出現跌勢，若一檔基金投資的都是這類債券，那麼當市況不佳時，基金淨值也會遭遇明顯的衝擊。

　　為了避免投資人誤以為這類債券只有高收益的優點，台灣金融業主管機關金管會（金融監督管理委員會）就規定，基金公司必須將旗下所有「高收益債券基金」正名為「非投資等級債券基金」，自 2023 年 5 月起，「高收益債券基金」正式走入歷史。

　　也因為長期持有風險高，非投資等級債本身設計時，常常就是抓短天期來發行，所以利率升降的影響也較小；若要比較不同非投資等級債的優劣，就要聚焦在「違約率」，並與其他類似天期的債券做比較。

　　看到這裡，你應該也能發現，非投資等級債雖是債券，但是和公債、投資等級債的性質完全不同，它的價格變動雖與利率相關，可是與違約率還有景氣關聯更加緊密，

所以不會在景氣差時成為資金避風港。

那麼誰會適合買非投資等級債呢？要知道，它很容易受到景氣、產業或大環境影響，例如油價大跌時，能源相關產業的非投資等級債可能就會受到重創；另外，像是 2022 年俄羅斯因入侵烏克蘭遭受國際制裁後，相關的股匯債商品都大受打擊。

即使是投資美國公司發行的非投資等級公司債，其價格變化也是與股市相關度高，並無避險效果。所以投資組合內若要放入非投資等級債，都要知道它沒有降低整體資產波動的功效，買它是為了在可承受風險下獲取較高的收益，因此主要適合能承受較大風險的積極型投資人。

第3章

匯率動向

外資買賣超
牽動台灣股、匯市表現

　　我們在本書一開頭就有介紹過美元與美國貨幣政策對於全球金融環境的影響，而本章的重點則是放在美元指數本身，以及美元兌新台幣匯價的升貶主因。

　　由於美元是全球的基準貨幣，各大貨幣都是用美元來報價，常見的是美元兌新台幣、美元兌日圓與歐元兌美元等，但較難知道美元本身屬於強還是弱，因此設計出「美元指數」這個指標，代表美元在國際市場中的趨勢。

　　現在廣為大家所知的美元指數是 1973 年由聯準會（Fed）所編製，以當時美國主要貿易夥伴的貨幣組成，並在歐元區成立時將德法等貨幣一同納入歐元，定下歐元占 57.6%、日圓占 13.6%、英鎊占 11.9%、加拿大幣占 9.1%、瑞典克朗占 4.2% 與瑞士法郎占 3.6% 的初

版美元指數。

這個版本的美元指數由於歷史悠久，加上期貨與 ETF 等衍生性金融商品眾多，所以使用者較多，因此，雖然跟目前的貿易環境相比有點落後，我們依然在多數情況下用這個指數，來衡量美元的多空方向。

如果要考量現在的真實國際貿易環境，美元指數沒有納入中國與墨西哥等美國的主要貿易夥伴自然是相當奇怪，所以就聯準會目前統計的廣義美元指數來說，已經納入超過 20 個貨幣作為評估基準。

聯準會網站列出了現在的各種不同標準計算的美元指數（詳見圖 1），包括廣義美元指數、發達經濟體美元指數、新興市場美元指數……等。

可以發現，人民幣在廣義美元指數中的權重有16.2%，是僅次於歐元的第 2 高，在新興市場美元指數中更是排名第 1 的 31.3%，而墨西哥披索也占了廣義美元指數的 13.3%，新興市場美元指數中則是排第 2 的

25.7%，新台幣則在廣義美元指數中占 2%，新興市場美元指數中占 3.8%，都具有相當的地位（詳見表 1）。

所以我們可以了解到，外界雖然時常批評美元指數過度看重歐元的影響，但實際上，聯準會已將編列的指數做出調整，只是金融市場在交易上還是以初版的美元指數為主，其理由可能是組成相對單純，加上容易分開避險，投資朋友可以將投資標的布局，以及趨勢研究分開來進行。

3原因使美元兌新台幣匯價常處於一定區間

我們將眼光轉回到美元兌新台幣的走勢上，可以觀察到一個特別的現象，自從 1997 年起，美元兌新台幣匯價就在 27.5 元～ 35.3 元之間震盪（詳見圖 2），而其中更大一部分則是在 29.95 元～ 35.3 元的區間當中，大家覺得為什麼會有這種現象呢？

我認為可能有 3 個原因，分別可以從資金方向，政府政策與台灣本身經濟表現說起：

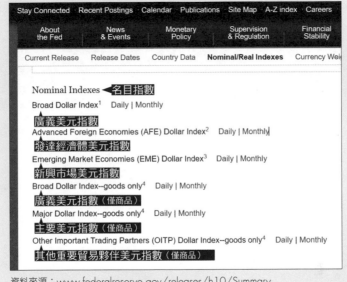

圖1 **美元指數有多種計算基準**
聯準會網站美元指數衡量標準

Nominal Indexes ◀名目指數

Broad Dollar Index[1]　Daily | Monthly
廣義美元指數

Advanced Foreign Economies (AFE) Dollar Index[2]　Daily | Monthly
發達經濟體美元指數

Emerging Market Economies (EME) Dollar Index[3]　Daily | Monthly
新興市場美元指數

Broad Dollar Index--goods only[4]　Daily | Monthly
廣義美元指數（僅商品）

Major Dollar Index--goods only[4]　Daily | Monthly
主要美元指數（僅商品）

Other Important Trading Partners (OITP) Dollar Index--goods only[4]　Daily | Monthly
其他重要貿易夥伴美元指數（僅商品）

資料來源：www.federalreserve.gov/releases/h10/Summary

原因1》資金方向

首先在資金方向這一塊，最具代表性的是 1997 年新台幣重貶，從原本美元兌新台幣匯價 27.5 元附近貶至 34 元左右，當時的背景是開始邁入亞洲金融風暴，原本樂觀的外資快速退潮，也造成了新台幣的拋售現象，直

表1 廣義美元指數以歐元區、中國占比最高			
地區	廣義美元指數	發達經濟體美元指數	新興市場美元指數
歐元區	18.6	38.5	－
中　國	16.2	－	31.3
加拿大	13.6	28.1	－
墨西哥	13.3	－	25.7
日　本	6.4	13.2	－
英　國	5.1	10.6	－
韓　國	3.4	－	6.6
印　度	2.7	－	5.3
瑞　士	2.7	5.5	－
巴　西	2.0	－	3.9
台　灣	2.0	－	3.8
新加坡	1.6	－	3.1
香　港	1.5	－	2.9
澳　洲	1.4	3.0	－
越　南	1.3	－	2.6

註：單位為%　　資料來源：Fed

到1998年底才回升。而幾次的新台幣重貶如2001年～2002年、2008年～2009年，也都是因為出現大型危機（分別是網路泡沫破裂、金融海嘯），引發國際熱錢大幅移動所致。所以國際熱錢的動向是造成新台幣急

3種美元指數貨幣權重

地區	廣義美元指數	發達經濟體 美元指數	新興市場 美元指數
馬來西亞	1.3	－	2.4
泰　國	1.1	－	2.2
以色列	1.1	－	2.1
印　尼	0.7	－	1.3
菲律賓	0.7	－	1.3
智　利	0.6	－	1.2
哥倫比亞	0.6	－	1.1
沙烏地 阿拉伯	0.6	－	1.1
阿根廷	0.6	－	1.1
俄羅斯	0.5	－	1.0
瑞　典	0.5	1.1	－
小計			
發達經濟體貨幣	48.3		
新興市場貨幣	51.7		

升狂貶的重要變數，這部分之後會再做細部說明。

原因2》政府政策

在政府政策上，新台幣的匯價會與台灣的產業結構搭

配，例如在經濟表現不佳或國外需求不高時，新台幣就可以適度走弱來維持住出口產業的競爭力；但若經濟環境強勁與國內需求高時，則可以引導新台幣適度走揚來壓抑通膨，同時也是給各產業避險或調整結構的空間，避免金融市場不佳時，實體經濟的表現也受到難以回復的衝擊。

原因3》台灣本身經濟表現

從台灣 GDP（國內生產毛額）歷年表現可以知道，台灣的經濟是長期穩定成長的趨勢。有長期關注外資動向或相關新聞的投資人，應該也會注意到，外資容易在資金出走到一個段落時，開始思考是否過度反應，新台幣貶勢就順勢慢下來；一旦景氣回溫或有特別利多時，新台幣也就快速回升。

外資買超易帶動新台幣出現升值態勢

相對於其他新興市場貨幣，美元兌新台幣匯價的波動算是相當穩定，在有歷史經驗作為參考的情況下，台灣投資人可以更加容易知道美元在哪個價位算是相對便宜

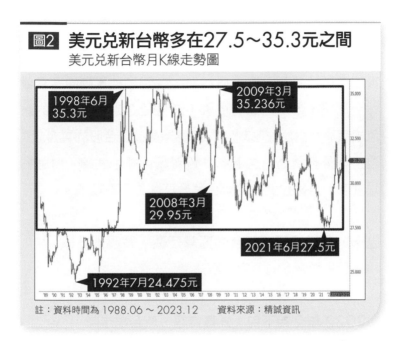

圖2 美元兌新台幣多在27.5～35.3元之間
美元兌新台幣月K線走勢圖

1998年6月
35.3元

2009年3月
35.236元

2008年3月
29.95元

2021年6月27.5元

1992年7月24.475元

註：資料時間為 1988.06 ～ 2023.12　　資料來源：精誠資訊

與昂貴，有利於事先設定投資計畫。

　　從另一方面來看，美元兌新台幣的匯價表現相對穩定，對於想要有更大收益的投資朋友來說也有可能是缺點。但無論投資台灣股市或海外股匯債市，了解美元趨勢或當下可能的方向，都有助於更精準的投資。前面提到國際熱錢是影響新台幣匯價的主因之一，來看實際的例子。

　　根據 2022 年 9 月 22 日央行理監事會後記者會的參考資料，就有以 2022 年 1 月～ 9 月這段期間的外資買賣超與美元兌新台幣匯價為例，說明了外資動向通常會與台灣股、匯市連動的現象（詳見圖 3）。圖 3 中的藍色柱狀體（對應左軸刻度）代表外資投資台股的買賣超；往上為外資買超，往下為外資賣超；紅色曲線（對應右軸刻度）走勢往上則是新台幣升值，往下為貶值。

匯市》外資賣超時新台幣通常貶值，買超則升值

　　我們先從匯率的角度來觀察：

2022 年 2 月下旬：外資賣超、新台幣走貶

　　可以看到圖 3 中第 1 個方框內，柱狀體多數向下延伸，代表外資多數時候呈現賣超；此時曲線同時往下，顯示新台幣也隨之走貶（詳見圖 3- ❶）。

2022 年 5 月下旬：外資買超、新台幣升值

　　一路走到圖 3 中第 2 個方框，外資開始有較明顯的大量買超，帶動曲線往上，呈現新台幣升值走勢，後續則盤整了一段時間（詳見圖 3- ❷）。

圖3 外資賣超時，新台幣多呈貶值趨勢

外資買賣超vs.美元兌新台幣走勢

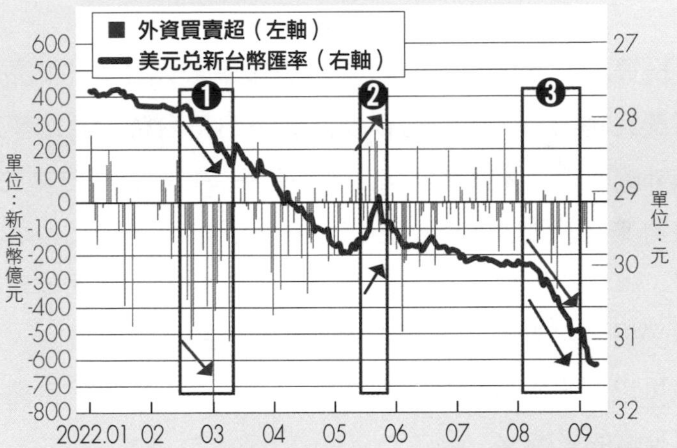

■ 外資買賣超（左軸）
── 美元兌新台幣匯率（右軸）

單位：新台幣億元

單位：元

註：1. 資料時間為 2022.01.03 ～ 2022.09.20；2. 紅線向下表示新台幣貶值
資料來源：金管會、台灣央行

2022 年 8 月下旬：外資大量賣超、新台幣大貶

再度出現外資大量賣超，新台幣匯價也隨之破底向下走貶（詳見圖 3-❸）。

股市》外資賣超時，台股通常跟著下跌

再看股市，這段時間的台灣股市表現，也與外資買賣超的趨勢相當一致，也就是在 2022 年 1 月見高後，一

路往下走跌至 5 月才出現一波反彈，中間震盪走跌後在 9 月破底下殺（詳見圖 4）。

　　投資海外股匯債的朋友，假設是投資美元計價的商品，在美元轉強時，因為可以換回更多的新台幣，就能享有額外的收益，尤其是美國公債，若希望以穩定收息為主，強勢美元就能為投資人增加收益；反之，當美元呈現弱勢，這段期間投資美元計價商品，則會因為美元貶值而承受損失。若想要降低匯兌變動造成的衝擊，投資人倒是可以預先採取分批進場或定期定額的方式，來自然抵銷匯價的影響。

　　相對於外資買賣超這項數據是每個交易日公布，我們在每個月初也可以從金管會網站發布的「外資新聞稿」（詳見圖解教學），觀察「外資在買超或賣超後，資金是否有實際匯入或匯出？」畢竟在市況不好時的賣超，如果沒有匯出的話，其實也有可能很快重新出現買超，因為資金並沒有離開台灣市場。

　　另一種狀況則是「外資不斷買超，同時也從海外有大

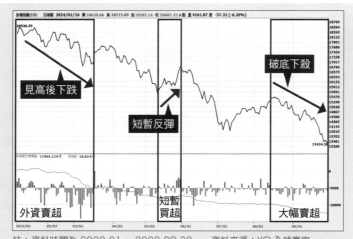

圖4 台股走勢與外資買賣超趨勢相近
加權指數日線圖

見高後下跌

短暫反彈

破底下殺

外資賣超

短暫買超

大幅賣超

註：資料時間為 2022.01 ～ 2022.09.30　　資料來源：XQ 全球贏家

舉資金淨匯入」，應該就是真的看好長期發展，這樣的
景況只要能延續，就很可能帶動新台幣有較長期的升值
態勢出現。不過，因為外資新聞稿是每個月公布一次，
所以比較適合觀察與確認趨勢是否出現變化，短線操作
的投資人就比較不易運用。

圖解教學 查詢金管會每月初公布
「外資新聞稿」

STEP
1
進入金管會（金融監督管理委員會）網站（網址：www.
fsc.gov.tw/ch/index.jsp），在首頁點選❶「公告資
訊」，再點選❷「新聞稿」。

STEP 2 進入下一個頁面後,於「關鍵字」欄位輸入❶「外資新聞稿」,並點選❷「開始查詢」,就可看到最新發布的結果。

此處以2024年2月5日發布的❸「113年1月外資新聞稿」為例,點選後進入下一個頁面,可以看到❹外資在當月淨買超新台幣38億5,300萬元,❺累計淨匯入約34億7,100萬美元(約合新台幣1,087億元)。

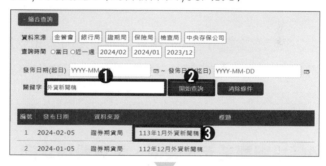

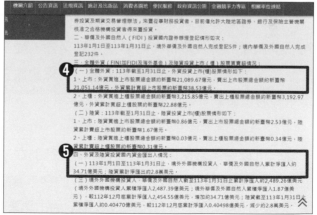

資料來源:金管會

聯準會升息引領美元走強 掀起全球市場震盪

　　3-1 我們定調市場如何衡量美元強弱與美元兌新台幣的影響要素,現在我們以實例說明,美國的貨幣政策帶動美元跟美債的強弱,以及如何影響全球股市。

4階段觀察美元、美債、全球股市走向

　　近年影響全球金融環境最重大的經濟事件,就是美國為了抑制新冠肺炎疫情後的景氣強勁復甦,從 2022 年開始快速升息,美元指數應聲上揚,自然也讓美債市場與全球股市掀起軒然大波。

　　我們可以透過台灣中央銀行(簡稱央行)在 2023 年 12 月 14 日理監事會後記者會所整理的參考資料,來了解「開始升息」與「升息預期改變後」的市場表現。

圖 1 可以觀察到，以「升息預期」為主軸所帶動的美元、美債、全球股市升降趨勢，2023 年 11 月起正進入第 4 階段。圖 1 中 3 個商品各代表了美元、美債殖利率、全球股市，分別是美國 10 年期公債殖利率、美元指數、MSCI 全球指數，共分為 4 階段來觀察：

階段1》2022年3月至10月：美國開始升息
美元：上漲
美債殖利率：上漲
全球股市：下跌

這段期間由於美國強力升息，美元指數與美國公債殖利率攀升，同時期的 MSCI 全球指數則是明顯下跌，出現了股債價格齊跌的景象（詳見圖 1-❶）。

這樣的現象在升息初期相當常見，主要是市場習慣了低利率甚至負利率帶來的廉價資金，所以一開始轉向升息，就需要調整部位，例如降低高估值的商品部位。這個做法不一定是真的看壞前景，只是在持有成本提高的環境下，部分獲利了結降低風險是很合理的操作方式，

然而，此時也有可能引發所謂多殺多的拋售壓力，無論是漲多的股票部位或美債，都可能是被鎖定的目標。

另外，這段期間還剛好碰上了俄羅斯入侵烏克蘭所帶來的地緣政治風險衝擊，所以包含歐美與新興市場都有擔心戰爭蔓延的憂慮，而油價與小麥等重要大宗商品價格的噴出，也讓升息預期持續攀高，對於 MSCI 全球指數形成了雙重的打擊。

階段2》2022年10月～2023年5月：放慢升息步調
美元：向下修正
美債殖利率：向下修正
全球股市：向上反彈

2022 年 10 月至 2023 年 5 月，聯準會（Fed）開始將升息步調放慢後，大家就期待 2023 年可能要降息，帶動美國公債殖利率與美元往下修正，全球股市也趁此機會進行一波反攻，股債價格齊漲（詳見圖 1-❷）。

這段期間受到油價快速回落的影響，投資市場轉向樂

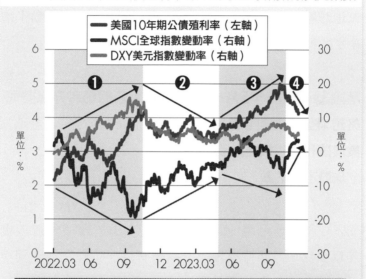

圖1 **2022～2023年美國強力升息時，美元上漲**
美國10年期公債殖利率vs. MSCI全球指數vs.美元指數

階段❶	階段❷
Fed強力升息 美債殖利率及美元走升 全球股市下跌	市場預期Fed升息步調放緩 美債殖利率及美元下跌 全球股市回穩

階段❸	階段❹
Fed立場偏鷹 美債殖利率及美元上揚 全球股市下跌	Fed立場偏鴿 美債殖利率及美元下跌 全球股市反彈

註：1. 資料時間為 2022.03 ～ 2023.12；2.MSCI 全球指數、DXY 美元指數
變動率以 2022.03.16 為基期（＝ 100）計算
資料來源：台灣央行、彭博

觀，認為聯準會將會很快達成對抗通膨的任務，畢竟連續幾次會議大幅升息，一給市場喘息的機會，美元投資人也想獲利了結來找尋低接股市的機會，自然推動了這一次的行情。

階段3》2023年5月～10月：美國表態仍有升息空間
美元：空頭快速回補
美債殖利率：快速上漲
全球股市：下跌

2023年5月至10月這段時間，由於聯準會雖放慢升息步伐，但卻持續表態後續還有進一步升息的空間與機會，導致原先美元空頭快速回補，美元指數甚至出現連續11週上漲的現象，而10年期公債殖利率則一度衝破5%大關。全球股市也在此時出現一波明顯修正（詳見圖1-❸）。

階段4》2023年11月迄今：美國表態將討論降息
美元：下跌
美債殖利率：下跌

表1　美元指數與美債殖利率呈現明顯正相關

美元指數、美債殖利率、MSCI全球指數相關係數

相關係數	美元指數與 美債殖利率	美債殖利率與 MSCI全球指數	MSCI全球指數與 美元指數
階段1	**0.85**	-0.82	-0.86
階段2	**0.77**	-0.56	-0.78
階段3	**0.79**	-0.29	-0.62
階段4	**0.91**	-0.90	-0.96

註：資料時間為 2022.03 ～ 2023.12　　　資料來源：台灣央行

全球股市：上漲

2023 年 11 月開始進入第 4 階段，也就是從美國經濟數據開始降溫，到聯準會主席鮑爾（Jerome Powell）開始表態可以討論降息相關事宜後，美元指數與美債殖利率快速下滑，全球股市也重新上漲，尤其美股的道瓊工業平均指數與費城半導體指數攜手再創歷史新高（詳見圖 1-❹）。

如果大家還是覺得這樣對照不是很明顯的話，表 1 是上述 4 階段的相關係數比較表，可以看到美債殖利率與

美元指數的相關係數最低都有 0.77，最高則是第 4 階段
的 0.91，算是相當高的正相關。而美債殖利率與 MSCI
全球指數的相關係數在第 4 階段是負 0.9 表現，除了第
3 階段的負相關較低外，也都是很強的負相關。

　　而 MSCI 全球指數與美元指數的相關係數也在第 4 階
段呈現負的 0.96，只有在第 3 階段的相關係數是負的
0.62 沒這麼強，不然都是相當明顯的負相關。

強勢美元推升美債殖利率，資金易流向美債

　　既然這 3 大商品的相關性都很明顯，究竟哪一項才是
主導市場變化的要素呢？答案是升降息預期。貨幣政策
對於每一種商品的價格傳導機制與速度不同，在上述例
子中，升息預期提高的第一步是美元的買盤與美債殖利
率攀高，然後帶動去槓桿效應。因為當借貸成本提高後，
投機與投資的成本皆會提高，所以會賣出風險性商品如
股票，去尋求較穩定的商品。

　　此時資金可以粗分成 2 種，一是短期離開風險性市場，

可能會在美元或短期美債間停泊，尤其是投資在新興市場的資金，更會有快速回流美元的現象，因此很容易導致美元更加強勢。

而另一個是較長線投資的資金，看到 10 年期或更長期的美國公債殖利率走高而去投資。但由於升息尚未結束，所以長天期公債殖利率依然震盪走高，後續當債券殖利率升高到某個水準後，就會反過來成為一股吸力。例如若投資美國 10 年期公債可以穩定獲取每年有 4.5% 的收益，相較於股市報酬的不穩定，債券很可能就會成為另一個吸引資金賣股買債的因素，所以才會有兩者呈現明顯負相關的現象。

以上說明的是比較容易直接從數據與走勢上來觀察的部分，算是有一定基礎的投資人應該都可以把握的行情，接下來，我延伸一些想法與投資經驗，做稍微細部一點的解析分享給大家。

美元指數》貼近市場升息步調

從前文圖 1 可以觀察到，美元指數的表現跟升息預期

最為貼近，也就是在較強升息預期環境當中（階段1、階段3），美元明顯走揚；而在市場預期升息放緩及聯準會表態有降息可能的環境當中（階段2、階段4），美元轉而走弱（3-3將進一步說明利率與升息預期帶給美元的影響）。

美國10年期公債殖利率》未緊貼升息步調

但美國10年期公債殖利率就出現了不同的景象，可以觀察到在階段1與階段3有明顯的上揚，階段2與階段4也有所下滑，可是如果是全部一起看的話，則依然在往上的趨勢當中。會有這個現象，背後有2個因素：

1. 雖然2023年底開始，市場就開始期待將降息，但截至2024年2月，聯準會都尚未正式啟動降息，所以即使市場有預先反映降息影響，也尚未完全將美債殖利率打回升息前。

2. 美國10年期公債殖利率從1989年到2020年這30多年來，主要是一路下滑的趨勢（詳見圖2），2020年3月曾經一度降至0.32%左右的歷史低點。

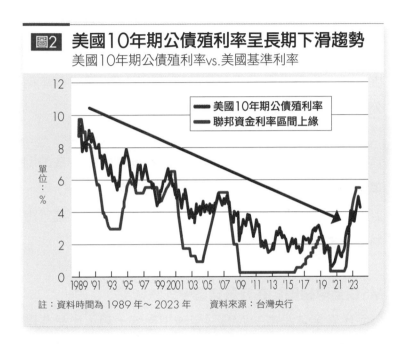

圖2 **美國10年期公債殖利率呈長期下滑趨勢**
美國10年期公債殖利率vs.美國基準利率

註：資料時間為 1989 年～ 2023 年　　資料來源：台灣央行

　　但由於過去數十年來幾乎都在 1% 上方，即使聯準會
2024 年後真的展開降息，如果不是金融海嘯或新冠肺
炎疫情這種大型經濟衰退來臨，應該很難期待再度回到
1% 或以下的水準。

　　另外值得一提的是，美國 10 年期公債殖利率在過去
的 30 多年間，多數時刻都比基準利率要來得高；若有

出現低於基準利率的景況，主要是在準備要降息前，會先反映降息預期而往下走。在過去可見的 6 次降息循環中，有 5 次都有長短不一的時間，出現了美國 10 年期公債殖利率暫時低於基準利率的狀況。

事實上，美國 10 年期公債殖利率長時間低於基準利率似乎不是好事，可以看到在 1989 年、2000 年～2001 年與 2006 年～ 2007 年這 3 段時間，都在基準利率快速下調後出現了經濟衰退的現象。

MSCI全球指數》在升息循環中先跌後漲

而代表全球股市的 MSCI 全球指數這一項，也是在階段 1 與階段 3 有明顯回落，階段 2 與階段 4 有快速走揚的表現，但實際低點則落在階段 1 末期，階段 2 到階段 4 整個來看依然是往上走的趨勢。

這樣的走勢其實也符合過去的經驗，也就是在升息初期股市因為去槓桿而修正，但因為經濟表現不錯所以持續升息的話，後續還是會重新漲回來。然而每一次的升息循環都有其背後因素與不同的節奏，我們從歷史經驗

得知的是，美債殖利率在降息時會下跌，美股在升息時依然會上漲，而美元除了升降息預期心理外還有哪些因素呢？ 3-3 將告訴你答案。

3-3 3大關鍵因素 影響美元走勢

　　美元除了是美國的貨幣外,也是各國主要儲備貨幣,多年來在全球央行外匯儲備的比重約在 6 成上下,穩居第 1,同時還是多個國家的法定貨幣(如巴拿馬、厄瓜多、帛琉⋯⋯等)。

　　在全球貿易與貨幣轉換上,美元更占有重要地位,所以影響美元走勢的關鍵因素除了市場的利率預期外,包括避險題材、國際貿易與政治因素等,都是影響美元趨勢變動的重要因素。

　　我們在本文將會應用多個實例,分享如何在當下判斷美元可能的趨勢,也都會配合簡單的技術分析下結論(對於基礎的技術分析內容不熟悉的朋友,詳見本書附錄 4〈技術分析基礎知識〉)。

關鍵因素1》利率預期

首先要來帶大家從利率變動的趨勢看起，重點放在當投資市場已經開始追逐美元後，在升息預期或升息幅度持續攀高的環境下，美元是否有進一步走高的表現？

來看看2022年美國剛走出零利率，開始進入升息循環時的例子。當年3月美國啟動第1次升息，美元指數也出現明顯的漲幅；然而同年5月5日宣布第2次的升息並啟動縮表後，原本應該強勢的美元卻突然下跌。當時的狀況，該怎麼評估美元的後市呢？我在升息消息發布的當天，就公開發表對於美元趨勢的看法：

〈美國確立升息2碼並啟動縮表，強勢美元還會再漲嗎？〉（原文發表於《經濟日報》，2022.05.05）

台灣時間2022年5月5日凌晨2點，美國聯準會（Fed）宣布升息2碼並在6月開始縮減資產負債表，在這許久未見的大動作出招後，美元指數卻快速跌破103整數關卡，美股也出現了明顯的上漲走勢，是否代表投資市場

已經接受並消化完緊縮資金的利空？強勢美元會就此轉弱了嗎？

我先說結論，如果聯準會沒有進一步收緊資金的規畫，美元短線確實很可能進入整理格局；但並非市場已經消化完美元升息的利多，而是發現聯準會並沒有預期中的強硬，所以給市場重新調整部位的喘息機會，接下來只要維持穩定且快速的升息步伐，強勢美元趨勢依然可望延續。

會有這樣的判斷主要有 3 大原因：第 1 是這次的會議並沒有市場預期般的鷹派，原本的預期是這次一次升息 2 碼外，還可以直接啟動每個月縮減資產負債表 950 億美元的政策，結果卻只有一半的 475 億美元，再慢慢加碼到 950 億美元，等於未來 3 個月內不太會有更進一步收資金的規畫，讓美元後續少了一點話題支撐。

第 2 是對通膨上揚的結構表態，由於主席鮑爾（Jerome Powell）很明確表示通膨上揚是個大問題，但卻不是由薪資成長所帶動，主因應該是來自於供應鏈缺口與俄烏

衝突帶來的影響，而這 2 個面向都不是單純升息回收資金可以解決的問題。畢竟升息或縮減資產負債表都是壓抑投資，但市場上是因為缺貨或是搶資源才帶動物價上漲，而非經濟發展過熱的影響，因此升息對抗通膨的助益有限，未來應該要配合各層政府來配套解決。

第 3 就是升息腳步應該不會加快，由於在會議前很多機構認為 6 月會議可能更激進的採取一次升息 3 碼的政策，但鮑爾卻說明這並非積極討論的選項，暗示升息 3 碼機率相當低，同時也表態未來會議可能先升息 2 碼兩次再來一次升息 1 碼，這也讓全年升息幅度有所下降，自然引發美元賣壓。

回到技術面上，可以在圖 1 看到美元指數從 2022 年初一路緩步走高，在 4 月 28 日一度來到 103.928，創下 2002 年 12 月以來新高，表示多頭力量十分強勁。在短線漲幅相當高的環境下，配合真的升息兩碼後來適度修正本來就很合理，因此我們認為強勢美元尚未結束。

但若接下來修正的幅度擴大的話該怎麼判斷呢？我們

可以在圖 1 看到，美元其實都是以走兩步、退一步的方式在上漲，也就是底部緩緩墊高的格局。因此這一波就算出現較強的拉回壓力，只要前一波的底部 99.5 ～ 100 這個區間守住，基本上就是多頭續攻的格局。跌破的話就表示有新的變數，此時就至少等一個日 K 等級的底部出現再摸底，最差也不要跌破 97.5，避免修正壓力忽然放大而導致虧損。

美元指數在突破了 103.9 後未能站穩，短線拉回最好就是用盤整化解賣壓，除了守住 99.5 ～ 100 的底部外，也可以等再次突破 104 後再找機會投資，到時候就是有多方續攻的新趨勢來助攻唷！

這個例子的解析，是根據當時（2022 年 5 月 5 日）所能蒐集到的資訊所做出的判斷，再簡單補充文中提到美元指數當時短線走弱的 3 大原因：

1. 雖然美國宣布升息，但是縮表的規模低於預期，代表緊縮資金力道不強；2. 供應鏈缺口帶來的通膨壓力難以用升息解決，所以如果有好的配套措施，可能不用強

圖1 聯準會升息不如預期強硬，美元短線下挫

美元指數日K線走勢圖

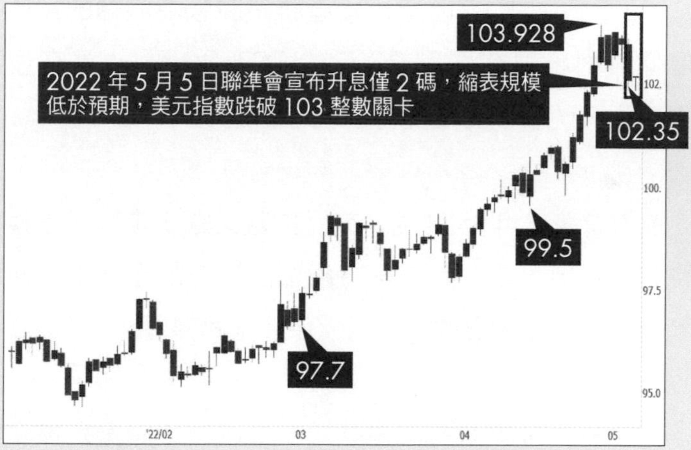
103.928
2022 年 5 月 5 日聯準會宣布升息僅 2 碼，縮表規模低於預期，美元指數跌破 103 整數關卡
102.35
99.5
97.7
102.
100.
97.5
95.0
'22/02
03
04
05

註：資料時間為 2022.01.03 ~ 2022.05.05　　資料來源：精誠資訊

力升息就能壓下通膨；3. 鮑爾認為升息步調應該不會再加快，自然略微壓低了進一步升息的預期，所以大家才會在圖 1 看到美元指數出現短線的拉回。

但因漲多拉回實屬正常，在趨勢未改變且升息趨勢並未有明顯轉折訊號出現時，投資朋友可以不用太早調整對於多空的看法。

　　那麼後來美元指數是怎麼走的呢？從圖2可以看到，美元指數在2022年5月5日修正一下後，就在5月13日來到了105.005，接著雖然有較為明顯的拉回，但低點則出現在5月30日的101.297，也是守住了99.5～100的主要支撐區後重新進攻。

　　進入2022年6月後，美元指數又逐步走高，過程中雖有波折，可是在聯準會持續加速升息的環境下，衝到了同年9月28日的114.778才正式轉弱。

　　配合利率會議前的市場狀況，會議後即時擬定投資策略與後續的走勢作為對照，大家是否更加了解實際上操作時應該把握的重點呢？

關鍵因素2》避險題材

　　很多投資朋友都知道，美國公債與黃金是避險商品，也就是在股市重挫或地緣政治風險等問題發生時，市場資金會大量湧入。美元本身則是更高一階的終極避險商品，因為當市場出現系統性風險使投資者失去方向時，

圖2 **2022年5月美元指數修正，未跌破支撐區**
美元指數日K線走勢圖

114.778

105.005

重要支撐區下緣

101.297

2022年5月創高後拉回，幸未跌
破99.5~100主要支撐區

重返上漲軌道

註：資料時間為 2022.02.01～2022.10.31　　　資料來源：精誠資訊

「現金為王」心態，會促使國際熱錢以持有美元作為主要的方向。

　　這個現象在 2020 年新冠肺炎疫情時期與 2022 年俄羅斯入侵烏克蘭時最明顯。原本新冠肺炎剛開始於亞洲爆發時，美國股市還不怎麼緊張，在疫情開始擴散到美國造成大流行後，美股道瓊工業平均指數就出現過多次

重挫，甚至觸發熔斷機制（暫時停止交易），原本市場上還是有賣股買債的一般避險反應，但就在市場情緒陷入最恐慌的時候，竟連黃金與美債都一度遭到拋售，資金快速湧入美元這項終極避險商品。

美元指數在 2020 年 3 月時，由於避險買盤的力道推升，一度衝到 102.992 的波段高點（詳見圖 3- ❶），隨後在聯準會出手大力降息與實施無限量 QE（量化寬鬆貨幣政策）後開始轉弱，這一次同時印證了避險買盤與貨幣政策帶來的影響。

而近年規模最大的地緣政治衝突，當屬俄羅斯入侵烏克蘭的事件。這個發生在 2022 年 2 月 24 日的重大衝擊，引發了從歐洲到全球的糧食與能源危機，尤其是俄羅斯若擊敗烏克蘭，將使整個歐洲的風險大幅上升，因此黃金與美元也都有明顯表現。

可以觀察到美元指數在 2022 年 2 月到 3 月中的走勢，原本盤整築底的美元，在連 2 根週 K 上漲後，面臨俄烏大戰的避險買盤，連續再走了 3 根紅 K 才休息（詳見圖

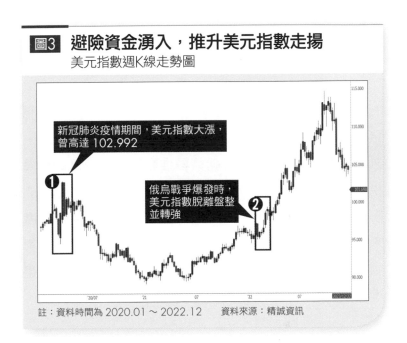

圖3 避險資金湧入，推升美元指數走揚
美元指數週K線走勢圖

新冠肺炎疫情期間，美元指數大漲，
曾高達 102.992 ❶

俄烏戰爭爆發時，
美元指數脫離盤整
並轉強 ❷

註：資料時間為 2020.01 ～ 2022.12　　資料來源：精誠資訊

3-❷），後續配合升息，一路升至 9 月底才停下。

關鍵因素3》國際貿易與政治

影響美元趨勢的第 3 項關鍵因素，則是與國際貿易與政治角力有關。美國與中國這兩國長期以來處於貿易不平衡狀態，也就是美國對中國長年呈現貿易逆差（美國

對中國出口總額持續小於進口總額），經過了多次協商與會議都沒有明確轉變的跡象。

　　為了替美國扳回一城，處事較隨心所欲的川普（Donald Trump），在擔任美國總統任內（2017年1月20日～2021年1月20日），就積極推動對中國商品課徵關稅，以彌補貿易逆差的美中貿易戰政策。而拜登（Joseph Biden）自2021年接任美國總統後，則是展開科技戰來打壓中國，先是限制美國輸出先進晶片和半導體技術到中國，而後又限制美國對於中國3大高科技領域（半導體與微電子、量子資訊技術、人工智慧等）的投資。

　　美國連續2任總統的強勢行動，一度改善美國對中國的貿易逆差程度，這樣的做法，一反過去美國希望人民幣升值來自然平衡貿易的路線，造就了人民幣走貶，甚至在美國升息的雙重打擊下，人民幣在2023年9月貶至2007年以來新低。

　　相對於俄羅斯入侵烏克蘭帶動的全球風險，中美貿易戰對全球產業鏈的衝擊也相當巨大，但由於中美貿易戰

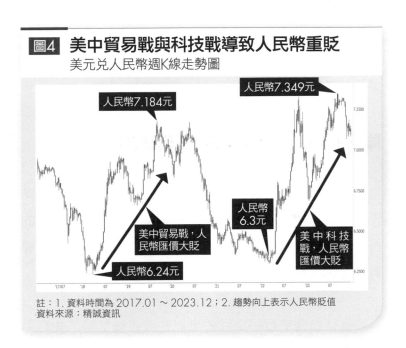

圖4　美中貿易戰與科技戰導致人民幣重貶
美元兌人民幣週K線走勢圖

人民幣7.184元

人民幣7.349元

美中貿易戰，人民幣匯價大貶

人民幣6.3元

人民幣6.24元

美中科技戰，人民幣匯價大貶

'17/07　'18　07　'19　07　'20　07　'21　07　'22　07　'23　07

註：1.資料時間為 2017.01 ～ 2023.12；2.趨勢向上表示人民幣貶值
資料來源：精誠資訊

是明確針對中國，因此推動美元兌人民幣的走升（亦即
人民幣兌美元走貶）。

可以發現美元兌人民幣匯價從中美貿易戰之前的 6.24
元，一路走高到 2019 年 9 月的 7.184 元。隨後一度
回到 6.3 元後，再度在美國升息與美中科技戰開打的雙
重攻擊下，走升至 7.349 元（詳見圖 4）。

若美元兌人民幣是因為中美貿易與科技戰而走升，反過來，當雙方關係有轉好的機會時，就可能會是人民幣重新翻揚的時機點。

局勢不明時，重大事件可搭配技術面解讀

利率預期、避險題材、國際貿易與政治等事件對於美元的影響深遠，但有時候對於沒有長期研究相關事件的投資人來說較不友善，因此，也可以利用技術面先行發動的方式來配合事件解讀。

那麼要怎麼進行呢？我們可以在重要談話前，先利用技術面的資訊，預先擬定好投資策略。我們回顧一下美國為了拯救疫情對景氣的衝擊，從 2020 年 3 月起啟動「無限 QE」，每月持續購買一定金額的債券，為市場注入資金。

到了 2021 年下半年，人民普遍接受疫苗，各州也陸續解封，經濟明顯走上復甦。當時金融市場最關注的，就是美國何時會開始縮減購債規模以收回資金；若是開

始縮減購債，那麼美元就有轉強的可能性。在 2021 年 8 月底時，全球央行年會即將舉行，全球金融市場都在期待，聯準會主席是否將給予市場貨幣政策的指引。而我也在央行年會開始前，提出以下看法：

〈全球央行年會將至，美元會進一步反攻還是轉向修正？〉（原文發表於《經濟日報》，2021.08.24）

一年一度的全球央行年會預定 2021 年 8 月 27 日在 Jackson Hole 舉行，原先預定有部分議程要以實體方式讓各國重要財經高層面對面交換意見，但變種病毒在美國大爆發後又改為全程視訊，不禁讓我們懷疑起再度引爆的疫情是否讓聯準會官員們改弦易轍，不想太快啟動縮減 QE 呢？如果鮑爾表態必須要觀察更久時間，美元反攻之路還走得下去嗎？

我先說結論，美國的疫情變化確實是近期最大的風險之一，但在經濟表現穩定復甦的環境下，只要不再上演像去年醫療崩潰時所採取的嚴格封城政策，即使真的表態將延後縮減 QE，最多只是延緩 1、2 個月，美元短線

可能有失望性賣壓，但應該不至於直接破底，而另一個可能性則是無懼疫情，真的隨著其他聯準會成員所說的可能在 2021 年 10 月就開始縮減 QE 的話，美元自然有進一步走揚的機會。

後續美元的趨勢可以分 2 個方面來觀察：第 1 是國際市場的美元指數變化、第 2 則是美元兌新台幣的走勢。

首先在美元指數方面，可以看到現在（編按：2021 年 8 月底）屬於衝高後的修正（詳見圖 5），這次的高點落在 2021 年 8 月 20 日的 93.72，明確突破了前波高點的 93.43，也有衝破之前解析時所說的 93.5，因此確實是多頭表態的訊號，只是在變種病毒影響縮減 QE 的時間表後，短線拉回到 93 整數附近整理。

從過去的經驗中可以了解，美元衝高後的拉回只要有將底部持續墊高就不用擔心轉弱，因此 91.78 ～ 92.47 這一塊就是很重要的支撐區，如果可以持續站在 92.47 上方就是短線續強的格局，跌破 91.78 之前都不算是空方力道轉強，畢竟剛剛創下近 9 個月來新高，修正一小段

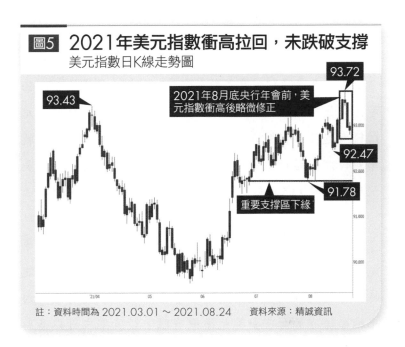

圖5 **2021年美元指數衝高拉回，未跌破支撐**

美元指數日K線走勢圖

93.43

2021年8月底央行年會前，美元指數衝高後略微修正

93.72

92.47

91.78

重要支撐區下緣

'21/04　　05　　06　　07　　08

註：資料時間為 2021.03.01 ～ 2021.08.24　　資料來源：精誠資訊

還不用太過擔心。

但若是從美元兌新台幣的趨勢上來說就會看到不同的光景，我們在 2021 年 6 月的解析中告訴大家，整理區間落在 27.5 元～ 28.1 元，結果過了 2 個半月，也還是在這個區間中，表示並沒有新的力量出現來創造新的趨勢，所以看法並未改變，也就是突破這個區間之後才算是美

元轉強或新台幣續攻。

　　另外可以觀察到，最高點落在 2021 年 3 月底的 28.645 元（詳見圖 6），近期（編按：2021 年 8 月）雖然美元指數有過高，但並未帶動美元兌新台幣也過高，表示就算熱錢開始退回到美元，新台幣也沒有被拋售，一旦美元利空浮現，很可能就是新台幣再度轉強的時機唷！

　　這次（編按：2021 年 8 月 27 日）的全球央行年會從原先被視為鮑爾表態即將縮減 QE 的機會，慢慢轉為可能將保守面對，對美元指數的影響已經反映在走勢上，因此稍微保守的發言對美元衝擊有限，投資朋友可以多留意變化但不用太過擔心，配合技術面來判斷趨勢是否逆轉再來應對就好。

　　上述文章是在局勢較為不清晰時，透過技術面來引導方向的操作經驗。當時是 2021 年 8 月，美國實施 QE 已經 1 年多，沒有很明確的緊縮或寬鬆預期，但在準備讓 QE 退場、而美元已在築底反攻的階段當中，因此美元指數從同年 6 月起漲後先突破前波高點 93.43，在 8

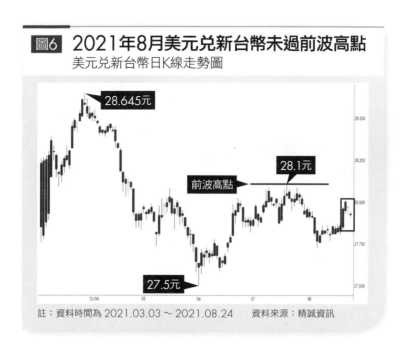

圖6 2021年8月美元兌新台幣未過前波高點

美元兌新台幣日K線走勢圖

28.645元

28.1元

前波高點

27.5元

註：資料時間為 2021.03.03 ～ 2021.08.24　　資料來源：精誠資訊

月下旬來到 93.72，這樣的格局自然有利美元續揚。

　　而 2021 年 8 月底央行年會結束後，接下來美元走勢
又是怎麼走的呢？從 8 月下旬的 93.729 開始拉回後，
底部出現在 9 月初的 91.947，確實守住了 91.782 的
主要支撐區下緣，所以才會在歷經重新築底上攻階段，
在 2021 年 11 月來到 96.938（詳見圖 7），這就是

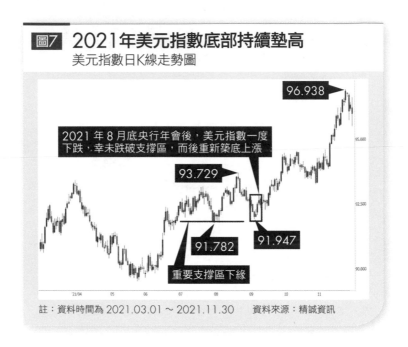

圖7 2021年美元指數底部持續墊高
美元指數日K線走勢圖

96.938

2021年8月底央行年會後,美元指數一度
下跌,幸未跌破支撐區,而後重新築底上漲

93.729

95.000

92.500

91.782   91.947

重要支撐區下緣

90.000

'21/04   05   06   07   08   09   10   11

註:資料時間為 2021.03.01 ～ 2021.11.30   資料來源:精誠資訊

技術面先表態後,可以利用「底部持續墊高」觀察,設定後續的投資策略。

　　儘管美元指數續走高,但新台幣也表現強勁,可看到美元兌新台幣匯價(簡稱美元匯價)卻展現了不同的方向。2021年3月～8月新台幣表現並不輸美元,所以即使美元指數有衝高,仍可以觀察到 2021 年 8 月底全

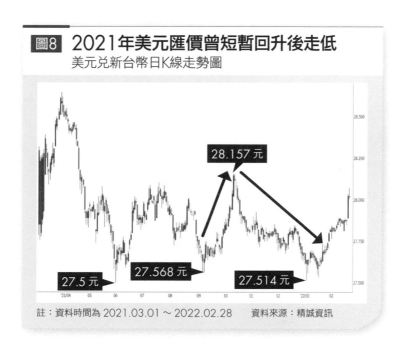

圖8 **2021年美元匯價曾短暫回升後走低**
美元兌新台幣日K線走勢圖

註：資料時間為 2021.03.01 ～ 2022.02.28　　資料來源：精誠資訊

球央行年會後，美元匯價回貶至 27.568 元，即使後續有一度衝到 28.157 元，但未能帶動新趨勢發動，一路慢慢貶至 2022 年初的 27.514 元（詳見圖 8）。

上述美元指數與美元兌新台幣不同步的現象，就是反映了技術面先行給投資人的方向，希望能讓大家了解下次遇到類似的狀況可以如何應對。

第4章

實戰應用

4-1

美元》高息環境有利投資
遇相對高點應適時出場

　　美元是世界上最強的貨幣，一般人該怎麼透過美元的升貶來投資獲利呢？本章將會帶你建立相關的投資知識，後面的篇章也會提到該如何觀察日圓、歐元、人民幣、黃金等價格的升貶。

　　首先來談美元的投資，大家最熟悉也最簡單的方式就是「美元存款」，由於「利息」一直是長期投資人很重要的獲利來源，因此美元的「定存利率」愈來愈高時，就成為一個很大的誘因。尤其在 2023 下半年至 2024 年初這段時間，動輒 4% 以上的高利定存，相對新台幣不到 2% 的定存年利率要好很多。

　　我們應該要如何配合高利環境來投資美元呢？從過去的經驗來看，可以掌握到 4 大重點：

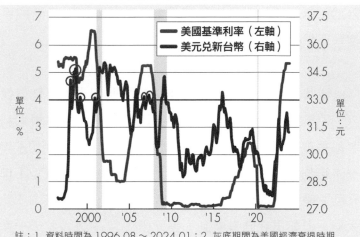

圖1　利率逾4%時，美元兌新台幣6次升逾33元
美國基準利率vs.美元兌新台幣走勢

註：1. 資料時間為 1996.08 ～ 2024.01；2. 灰底期間為美國經濟衰退時期
資料來源：FRED

重點1》美國基準利率逾4%時，美元匯價超強勢

我們先來看看，過去 20 多年（1996 年 8 月～ 2024 年 1 月），這段期間的美國基準利率及美元兌新台幣（簡稱美元匯價）的變化（詳見圖 1）。這段期間基準利率高點約為 6.5%，低點則是接近 0%，簡單相加除以 2 就是 3.25%。若將 4% 以上視為高利環境，

可以看到當美國基準利率在 4% 以上時，美元匯價確實出現過 6 個高於 33 元的高峰，只是比較可惜都集中在 2008 年以前，而且多數都是到了 33 元後，反而成了相對理想的獲利了結機會。

這種狀況會集中在 2008 年以前的原因，主要是自從 2007 年的金融海嘯後，包括台灣在內的各主要國家利率都稍微偏低。尤其如果以 4% 為標準，是從 2008 年一路等到 2022 年才有 4% 以上的利率，截至 2024 年 1 月，美元匯價也尚未有機會用高息題材來衝破 33 元大關。但如果我們考慮到，美元匯價曾在 2021 年一度回落到 27.5 元，到了 2023 年美國利率升到高峰時，美元匯價也衝到了 32.49 元的價位；對於手中持有美元的投資朋友而言，這波高達 18% 的升值幅度，應該也很有感。

重點2》升息初期，美元匯價常先升後貶

更深入觀察美國基準利率與匯價的變化，則可發現另一種模式。美國基準利率在上升的初期，原本放在台灣

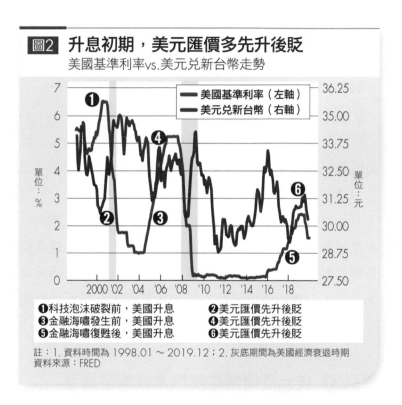

圖2 **升息初期，美元匯價多先升後貶**

美國基準利率vs.美元兌新台幣走勢

❶科技泡沫破裂前，美國升息 ❷美元匯價先升後貶
❸金融海嘯發生前，美國升息 ❹美元匯價先升後貶
❺金融海嘯復甦後，美國升息 ❻美元匯價先升後貶

註：1. 資料時間為 1998.01 ～ 2019.12；2. 灰底期間為美國經濟衰退時期
資料來源：FRED

市場的資金，多會流出至更有吸引力的美元，美元匯價
也會隨之上升，但過一小段時間後反而會開始下降，這
樣的現象在 1999 年～ 2000 年、2004 年～ 2006 年
及 2015 ～ 2018 年都有出現；白話一點，就是升息初
期會帶動美元匯價走高，但隨後就會轉弱（詳見圖 2）。

　　會有這樣的現象發生，應該是在反映當時美國經濟表現強勁而需要升息，進而推升美元上漲；接下來，美國若能夠一直升息，也通常是因為經濟表現持續成長。

　　美國在升息初期，可能會短暫影響美國股市表現，但是隨著經濟基本面愈來愈好，往往又能重回多頭格局。

　　而台灣股市以科技產業為主，是美國企業重要供應鏈，與美國股市有高度連動性，因此美國股市轉強，自然能進而帶動台灣股市表現強勁，也會吸引外資進來台灣市場投資。而當熱錢題材壓過了資金因美國升息而從台灣外流的影響，就會導致美元匯價反轉下跌。

重點3》美元匯價常在降息未結束前走高

　　但在美國進入降息循環時，美元匯價又會怎麼走呢？我們用同樣的區間來觀察，可以發現在科技泡沫破裂的2001年，美國準備降息的初期，美元確實有向下修正一段，但在經濟衰退時期後，雖然美國仍維持降息趨勢，可是美元匯價卻已經開始走高（詳見圖3）。

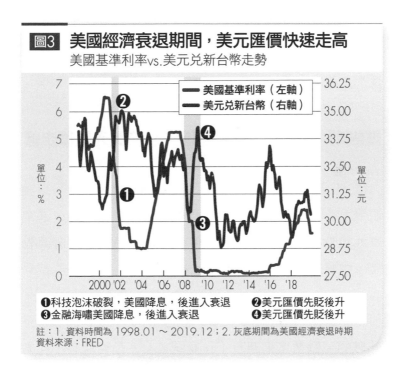

圖3 美國經濟衰退期間，美元匯價快速走高
美國基準利率vs.美元兌新台幣走勢

❶科技泡沫破裂，美國降息，後進入衰退　　❷美元匯價先貶後升
❸金融海嘯美國降息，後進入衰退　　❹美元匯價先貶後升

註：1.資料時間為1998.01～2019.12；2.灰底期間為美國經濟衰退時期
資料來源：FRED

　　類似的表現在金融海嘯爆發的2008年也曾經出現過，
當時各國都還維持偏緊縮的貨幣政策，但美國已經開始
降息。降息初期美元匯價先走貶了一段，但隨著經濟進
一步降溫與金融海嘯來襲，又出現快速走高的表現。

　　相對於升息循環中期，新台幣有股市上漲的外資買盤

推升，進入降息或重大危機造成股市下跌時，面臨了經濟前景不佳與資金從台灣外逃，就是這段期間美元匯價反而走強的主因。

重點4》台股強、熱錢湧進，易使美元匯價走低

從 1998 年～ 2019 年這段期間的變化來看，可以發現到利率高低確實影響美元匯價，且高息環境時，通常美元也會有幾次高點出現；但台灣股市的表現與外資動態，也會是主導美元匯價的另外一個重點。

我們將觀察區間放近一點，從 2019 年以來的降息至升息的這個循環來觀察（詳見圖 4 ），是否會有不同的變化呢？可以發現到，美國自 2019 年第 3 季開始的降息趨勢，初期也確實帶動美元匯價走高一小段；但隨著投資市場發現台股並未受到重大衝擊，美元匯價也就開始走低。

直到 2020 年新冠肺炎疫情大爆發，美元一度受避險買盤推動而走高，接著則隨著聯準會（Fed）祭出快速降

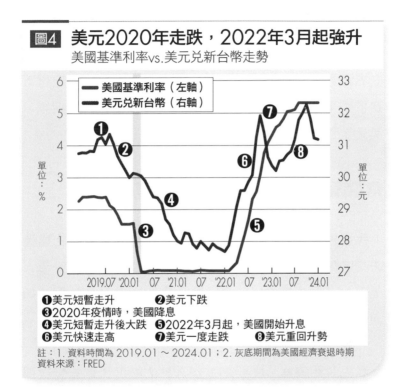

圖4 美元2020年走跌，2022年3月起強升

美國基準利率vs.美元兌新台幣走勢

❶美元短暫走升　　　❷美元下跌
❸2020年疫情時，美國降息
❹美元短暫走升後大跌　❺2022年3月起，美國開始升息
❻美元快速走高　　　❼美元一度走跌　　❽美元重回升勢

註：1. 資料時間為 2019.01 ～ 2024.01；2. 灰底期間為美國經濟衰退時期
資料來源：FRED

息與無限量 QE（量化寬鬆貨幣政策），美元再次向下走
低。後續台股受惠低利率環境及基本面強勁，股市一路
向上噴出，在熱錢簇擁下，新台幣強勢升值，美元匯價
則是逐步走低，2022 年甚至出現 1 美元兌新台幣 27.5
元的價位。

而到了 2022 年開始的升息趨勢中，情勢就出現了反轉。美元匯價一開始也快速衝高，直到 2022 年 11 月左右市場期待升息告一段落，美元在股市反攻的題材下走低；至 2023 年 3 月，聯準會再度提高升息預期後，美元重回升勢。

留意匯價變化，把握短線賺價差機會

這邊應該有部分投資朋友會有點疑問，也就是相對過去幾次的升息循環，很明顯 2022 年開始的這次升息，美元的多頭力道強勁許多，我們實際上在操作時應該如何判斷？是否有特別需要留意的事項？

我先說明答案，主要是這次升息的速度比過去幾次都快，同時聯準會也不斷提高了持續升息的預期，所以才讓強勢美元走這麼久。

當時在 2022 年 3 月聯準會宣布升息之前，我有提前發表了一篇對後市趨勢的分析文章，大家可以參考看看，了解如何解讀未知的趨勢，並做出勝率最高的判斷：

〈新台幣急貶有望衝 29 元？關鍵 3 大重點解析〉（原文發表於《經濟日報》，2022.03.15）

自從俄羅斯入侵烏克蘭後，新台幣就進入了快速走貶的趨勢當中，短短 3 週不到的時間，就從 2022 年 2 月 23 日收盤的 27.887 元貶到 3 月 15 日盤中的 28.625 元，貶值幅度超過 2.5%，距離許久不見的 29 元大關已經不遠，真的有可能在上半年見到這個價位嗎？觀察重點又在哪邊？

我先說結論，如果股市下跌幅度或美國收資金力道加大，上半年不難見到 29 元甚至更高的價位，但若央行為了避免通膨暴衝而出手調節或是股市反攻，短線在 28.7 元附近應該會有新台幣的買盤出現，大家可以特別留意一下。

在 3 月初的解析文章中就有告訴大家，影響新台幣 3 大指標分別是外資信心、美國收資金速度與出口，只要 3 個裡面有 2 個維持正向就不會太弱，但只剩下 1 個甚至全都轉負面，新台幣站穩 28 元甚至開始往 28.6 元走

都很正常,而目前就是在外資匯出與美國正要收資金的衝擊下,新台幣才會貶到 28.625 元。

而接下來的重點依然在這 3 大指標當中,而近期台灣與全球主要市場股市的下跌,都持續打擊熱錢的信心,因此才會說若股市持續受俄烏衝突等事件影響而往下探底的話,資金匯出的力道可能還會加強,此時新台幣自然就會打開往 29 元大關的路。

但短線最重要的美國收資金速度,在台灣時間 2022 年 3 月 17 日凌晨 2 點可能會有轉變的機會,因為在美國公布利率決議的同時,也會一起公開官員們對於經濟與利率前景的展望。

假設真的只有升息 1 碼且沒有大幅提高今年升息的幅度,那美元確實具有利多出盡的可能,尤其是過去 2 次美國首度升息後都有出現美元走貶的現象。

我們整理過去 18 年來美元兌新台幣的走勢(詳見圖 5),美國曾經分別在 2004 年 6 月與 2015 年 12 月升息。

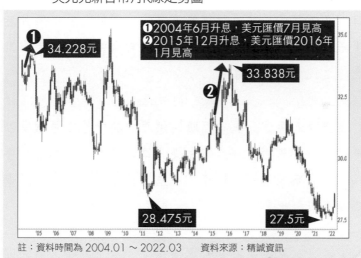

圖5 **2004年、2015年升息後美元短期走高**
美元兌新台幣月K線走勢圖

❶2004年6月升息,美元匯價7月見高
❷2015年12月升息,美元匯價2016年1月見高

34.228元

33.838元

28.475元

27.5元

註:資料時間為 2004.01 ～ 2022.03　　資料來源:精誠資訊

在 2004 那年升息後,美元兌新台幣的高點出現在下個月的 34.228 元;在 2015 年 12 月那次的升息,美元兌新台幣的高點也是落在下個月的 33.838 元,因此要猜測美元利多出盡也很合理,歷史經驗的高點就可能落在 4 月。

但若這次會議後,聯準會表態是受到俄烏衝突影響所以只升息 1 碼,後續在通膨高漲的環境下,今年(編按:

2022 年）還有 6 碼以上的升息空間或更快開始縮減資產負債表的話，美元自然還有上攻動力。這邊也要留意同日下午舉行的台灣央行理監事會議，若能大膽跟隨升息半碼或 1 碼，就能稍微抵銷美國收資金的壓力，新台幣也隨之找出反攻空間。

在出口表現這一塊，近期的供應鏈缺口甚至是戰事帶來的高通膨壓力，都可能會提高進口成本，當然也會壓抑了貿易順差的成長幅度，在重新轉強之前就比較難帶動新台幣走升。

在新台幣強了這麼多年的環境下，這次順著美國升息來回貶並不是一件壞事，只是一下子貶值太快的話，難免會影響金融市場與投資人信心，但只要台灣本身經濟前景穩定且沒有外來的軍事衝突威脅，在貶值力道釋放完了之後還是會慢慢回歸基本面前景，想投資美元的朋友不用擔心沒有回頭的機會。

以上的文章在美國初次升息前所完成，主要是考量當時的地緣政治背景與美國貨幣政策可能的變動，透過 3

個主要條件：1.外資信心、2.美國收資金速度、3.出口，來設定接下來在利率會議後是否該持續投資美元。

由於當時因為俄羅斯入侵烏克蘭，導致股市下跌與外資退潮，所以升息前美元就開始翻揚。然後聯準會在升息時，也表態因為俄烏衝突所以先小幅升息，同步公開的經濟展望中位數則預期年底時將利率升至 1.9%，也就是在首次升息後，還有 6 碼的升息空間，所以符合我們的設定，推動美元正式走高，而沒有利多出盡。

雖然當時聯準會只有預期 2022 年底升至 1.9%，但實際上卻升到了 4.5%，確實大幅超過原先預測；不過也因為短期升速過快，在開始放慢升息腳步後，美元升勢也就跟著暫告一段落。

回顧這 25 年來，美元兌新台幣匯價與美國利率的相對關係，我們可以做出以下結論：

1. 在高息環境投資美元是可行的策略，只是美元匯價在相對高檔時就可以準備出場，否則很容易又還回去。

2. 美國降息或美國經濟衰退環境下，現金為王或避險買盤將會推升美元匯價，是想賺價差的投資朋友不錯的操作機會。

投資美元指數期貨須留意3重點

最後再來談一下「美元指數期貨」這項商品。台灣投資人投資美元的管道，多半是在銀行換美元，很容易進場，持有期間有存款利息可領，價差空間則有限。相對的，就算沒有及時在高點出場，成了美元套牢族，只要繼續持有，仍有機會等到美元匯價回頭的那一天。

而國際市場的投資人則是主要以美元指數期貨作為投資商品，也就是透過期貨的操作，從美元指數的波動中尋找獲利空間。期貨商品沒有利息，當然就不適合長期投資，主要是提供想賺價差的投資人操作。

美元指數期貨的組成跟美元指數相同（歐元占57.6%、日圓占13.6%、英鎊占11.9%、加拿大幣占9.1%、瑞典克朗占4.2%、瑞士法郎占3.6%），投資

上須多加注意以下 3 重點：

重點1》期貨商品本身具有槓桿特性

美元指數期貨的合約規格是指數乘 1,000 美元，假設美元指數為 100，合約規格就是 10 萬美元（約合新台幣 315 萬元）。

10 萬美元的美元指數期貨合約規格，在 2024 年初的原始保證金跟維持保證金都在 2,000 美元附近（約合新台幣 6 萬 3,000 元）；如果只有原始保證金就要操作的話，就相當於用 2,000 美元來操作 10 萬美元的部位，也就是開了 50 倍的槓桿。

對於不熟悉的投資人來說，美元指數只要出現小幅的波動，可能就會帶來較大的收益或損失；所以新手務必要格外謹慎，初期進場操作時，建議可以準備多一點本金，避免還沒有得到槓桿優勢就受到損失。

重點2》主要波動時間為歐美交易時段

美元指數期貨就像其他大型匯率期貨商品一樣，交易

時間接近 24 小時，但是主要波動時間落在歐美的交易時段，大約是台灣時間下午 2 點到隔天凌晨 5 點之間，跟台灣投資人習慣的早上9點到下午4點有很大的落差。

如果不方便在歐美主要交易時間進出場，就比較難掌握到短線震盪時出現的獲利機會。若想以長期趨勢來操作，保證金就要準備更多一點，避免短線一出現波動，就讓投資部位被掃出場。

重點3》須留意結算日
期貨商品有結算日，投資之前要確認何時結算，避免在結算前出現大幅波動帶來損失，即使有獲利也有必須要出場或轉倉的可能。

美元》兌新台幣具明顯區間
適合低買高賣

　　美元兌新台幣匯價容易在區間內震盪，因此在把握好區間的情況下，投資美元賺價差的風險並不高，現在就來帶大家了解如何把握其中的關鍵要素。

美元兌新台幣30元是相對便宜的價位

　　2000年1月到2024年1月這段期間，美元兌新台幣的最高點落在35.3元，最低點落在27.5元，中間點就是31.4元，所以我們可以說只要低於31.4元就不算貴（詳見圖1）。如果覺得要更好的買點，則30元左右或是以下也是等得到的好價位，畢竟從圖中可以看到，第一次從35.3元到29.95元這個美元走貶的趨勢中，如果可以在30元附近投入，下一個高點則落在35.236元，中間都有獲利了結的機會。

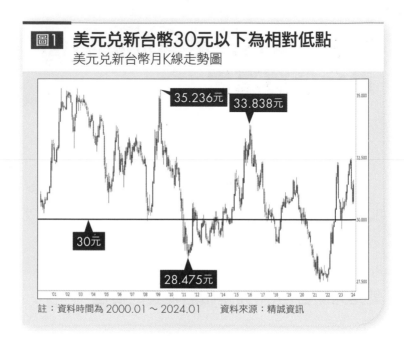

圖1 **美元兌新台幣30元以下為相對低點**
美元兌新台幣月K線走勢圖

35.236元　33.838元

30元

28.475元

'01 '02 '03 '04 '05 '06 '07 '08 '09 '10 '11 '12 '13 '14 '15 '16 '17 '18 '19 '20 '21 '22 '23 '24

註：資料時間為 2000.01～2024.01　　資料來源：精誠資訊

　　第二次美元貶至 28.475 元後，同樣只要在 30 元附近或以下買，下一個高點出現在 33.838 元，中間同樣都有獲利了結的機會。

長期投資美元的風險不高

　　我們將圖 1 中歷年美元高低點與升值幅度整理成表 1，

表1　美元升值幅度最高曾達18%

美元匯價高低點與升值幅度

時間	低點（元）	高點（元）	經歷月數（月）	升值幅度（％）
2008~2009年	29.950	35.236	12	17.65
2011~2016年	28.475	33.838	55	18.83
2018~2019年	29.035	31.720	20	9.25
2021~2023年	27.500	32.490	29	18.15
平均	28.740	33.321	29	15.97

註：美元匯價指 1 美元可兌換的新台幣金額　　資料來源：精誠資訊

可以明顯看到，從 2008 年到 2024 年 1 月共有 4 次
循環。請留意，這是抓升貶值循環的最低與最高值，中
間都有可以自由進出場的機會。假設買在 29 元，然後
等到 31 元就出場，也是可行的操作方式，整理表 1 的
用意在於告訴大家，長期投資美元的風險並不高，只是
需要耐心，以及搭配適合的策略才好。

　　我們可以看到這 4 次的循環，從美元低點升值到高點
的經歷時間，可能會因為各種原因而有從 12 個月到 55
個月完成，平均則大約是 29 個月的時間；而最大的升
值幅度有 18.8%，平均的升值幅度超過 15%，最差的一

次也有 9.25%。而且這只是單純以價差空間來評估，如果加入利息收益則會更加可觀。

把握3重點，分批布局美元

若以平均低點落在 28.74 元，最低點落在 27.5 元的經驗來看，簡易可行且買在低點的分批投資重點如下：

重點1》等待貶至30元以下開始買進

持續觀察美元兌新台幣匯價，等到低於 30 元，可開始執行買進計畫。

重點2》將資金分成10批，分批買進

將手中可以投資美元的部位分成 10 份，從 30 元左右買第一份，接下來每走貶 0.3 元就買一部分，用這個方式分批進場，可以承受到走貶至 27.3 元的價位。

將此分批投資美元的方式做出試算表格（詳見表 2），可以發現雖然沒辦法全部買在最低點，但若真的能在過程中買到最極端的 27.3 元，可將平均成本壓低到

表2 以美元兌新台幣30元為基準，往下分批買進

資金分10批買進美元均價試算

試算說明：假設將資金分10批，從美元兌新台幣30元時開始買進美元，且每貶0.3元投入10%資金，則買入均價如下：

美元兌新台幣價位 （元）	累積投入資金比重 （％）	累積買進均價 （元）
30.0	10	30.00
29.7	20	29.85
29.4	30	29.70
29.1	40	29.55
28.8	50	29.40
28.5	60	29.25
28.2	70	29.10
27.9	80	28.95
27.6	90	28.80
27.3	100	28.65

28.65 元，比表 1 中美元歷次低點平均值 28.74 元還更低一點。

重點3》等待升至31～32元分批出場，33元出清

當美元回升至 31 元～ 32 元，可開始分批獲利了結，並可設定在 33 元左右就全部出場。畢竟按歷史經驗，

美元要衝破 33.3 元，甚至到 35 元的機會並不算太高。

用這套策略，就可以在低風險的狀態下，將投資收益抓在 10% 或更高的範圍。

美元》2訣竅換到便宜價 支應旅遊、求學需求

國內有美元需求的原因通常分成 4 個主流，分別是投資、貿易、旅遊與求學，前面 4-1、4-2 主要是談投資的運用，相對另外 3 種需求來說，運用機會與可以使用的策略比較多。而在貿易需求這一環，因為金額通常較為巨大，也會受到進口或出口業務不同而有差異，銀行方面也有遠期外匯等商品供避險，因此就不放在本書討論範圍。本文就來分享因為旅遊或求學，而有美元需求者的參考買進方式。

旅遊與求學在美元的需求上有幾個共通點。首先，是都有實體需求，也就是需要美元現鈔；第 2，是會有較明確的使用時機，例如事先規畫半年後的旅遊或是兩年後的留學計畫；第 3，只要將重點放在「換在相對便宜的價格」就好，畢竟未來終究會有實際的支出，持有過

程中即使有獲利也不會選擇賣出。根據這 3 點,我們可以掌握 2 個訣竅:

訣竅1》挑選划算的通路

　　從實體需求出發的話,首先就是要選擇能提供網路換匯這項便利服務,且折扣較高,以及即期跟現鈔換匯價差與手續費合計較低的銀行。

　　如果要分批換匯的話,通常會抓特定時間或特定價位分批換,如果網銀功能齊全,有利提前做好計畫與執行,未來會要換成現鈔,價差低也有利降低成本。

訣竅2》提前規畫,能換在近2年低檔都算便宜

　　在配合使用時機方面,旅遊換匯較多會在前半年至 1 年左右規畫,所以只要能換在近 2 年的相對低檔就算不錯。我們來看一個應用實例:

步驟1》規畫出國

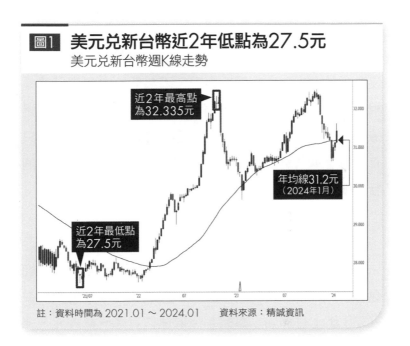

圖1 美元兌新台幣近2年低點為27.5元
美元兌新台幣週K線走勢

近2年最高點
為32.335元

近2年最低點
為27.5元

年均線31.2元
（2024年1月）

註：資料時間為 2021.01 ～ 2024.01　　資料來源：精誠資訊

　　假設在 2023 年 1 月訂下 1 年後要出國旅遊，當時美元兌新台幣匯價大約 30.7 元左右。

步驟2》查看近2年匯價

　　往回看可以知道，2021 年～ 2022 年高低點分別落在 32.335 元與 27.5 元（詳見圖 1），中間價位就是：
（32.335 + 27.5）／ 2 = 29.9 元左右。

步驟3》設定買進計畫

此時就有 2 種做法可以選擇。第 1 個做法是等看看有沒有低於 29.9 元的價位出現，因為低於中間價就算是相對便宜，自然是可以多買到便宜美元的好時機。不過這時機是可遇不可求，像是在 2023 年這一整年，也只有短短 2 週曾經出現過這樣的價位，如果沒有把握到的話，後續成本也將會攀高。

第 2 個做法則是直接分批買進美元就好。圖 1 美元兌新台幣匯價週 K 線走勢圖中，有一條藍色的「年均線」曲線，也就是美元匯價的 1 年均價。意思是假設從 2023 年 1 月開始，每週都用收盤價買進一批美元，連續買了 1 年後，買進的成本均價約落在 31.2 元左右。當然實際上應該不會這麼零碎地買，然而即使換成每個月底買一次，最後的平均成本也相差不大。

以 31.2 元這個價位來說，雖然比 2023 年全年最低點的 29.658 元更高一些，但相對於最高的 32.49 元來說，還是相當便宜。因此分批換美元這個做法，可以省去天天關注匯價，等待低點的麻煩。

至於留學等需求可能就會更早規畫，把時間拉長到 3 年～ 5 年也很正常，能夠等相對便宜或分批換匯的時間點就更多，利用相似的概念將換匯週期拉長就可以了。

此外，若是從網路銀行換匯，距離實際支出日還有幾個月或 1 年以上的時間，就可以先存入美元定存賺點利息，有助於進一步壓低成本。各銀行美元定存多從 1,000 美元起跳，也有不定期的專案定存利率優惠。

而到了要實際提領時，有些有設置外幣提款機的銀行，還會提供從自家外幣帳戶提領現鈔免收匯差或手續費的優惠。換匯前多詢問與比較，都有機會再省下一筆小錢。

4-4 日圓》長期易貶難升 升息僅為短期題材

　　除了美元之外，日圓應該是台灣人外幣需求的第二大貨幣，主要是以旅遊換匯為主；貿易與投資規模雖然也不小，可是沒有像旅遊需求這麼普遍。不過在進入2024年後，投資市場都在期待日本將會開始久違的升息，可能會讓日圓開始出現投資機會，本文就來分享日圓的趨勢與適合的研判方式。

　　在2008年金融海嘯後，由於日本長期維持超低利率的環境，加上前首相安倍晉三（簡稱安倍）推動著名的「經濟三支箭」（實施積極的量化寬鬆貨幣政策（QE）、擴大政府財政支出以刺激經濟、促進民間投資等），所以一直給投資人留下日圓易貶難升的印象。

　　但這個狀況可能開始出現變化，因為日本央行很可能

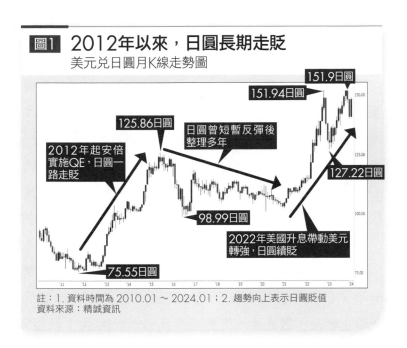

圖1 **2012年以來，日圓長期走貶**
美元兌日圓月K線走勢圖

151.9日圓

151.94日圓

125.86日圓

日圓曾短暫反彈後
整理多年

2012年起安倍
實施QE，日圓一
路走貶

127.22日圓

98.99日圓

2022年美國升息帶動美元
轉強，日圓續貶

75.55日圓

150.00

125.00

100.00

75.00

'11 '12 '13 '14 '15 '16 '17 '18 '19 '20 '21 '22 '23 '24

註：1. 資料時間為 2010.01 ～ 2024.01；2. 趨勢向上表示日圓貶值
資料來源：精誠資訊

在 2024 年第 2 季開始升息，我們可以怎麼觀察呢？

日本實施QE，日圓多年來呈貶值格局

首先，我們來看美元兌日圓匯價的歷史走勢圖（詳見圖 1），自從美元兌日圓在 2011 年 10 月來到 75.55日圓後，就開始了長期往上的走勢，從日圓的角度來看

就是長期走貶。

而在 2012 年起，安倍大力推動 QE 與低匯價的方針後，日圓更是一路走貶，來到 1 美元兌 125.86 日圓；隨後日圓開始了較長時間的反彈，從 2016 年到 2021 年間都在 99 ～ 120 日圓之間整理，這段期間全球經歷新冠肺炎疫情衝擊，美國也從 2020 年 3 月起實施 QE。

2022 年美國正式結束 QE 並開始升息後，美元強勢升值，日圓一路貶到 151.94 日圓；在 2022 年底到 2023 年初，日圓雖一度趁著美元轉弱而回到 127.22 日圓，但後續還是貶回 151.9 日圓，持續維持著易貶難升的格局。

觀察2重點，日本升息未必能讓日圓走升

那麼日本央行若真的升息，是否將帶來日圓升值的機會呢？我認為並非肯定會走升，有 2 個觀察重點，分別是「美日利差收斂速度」、「日本央行與市場溝通的方

式」，剛好這兩者也是近 1 年來驅動日圓升貶的動能。

重點1》美日利差收斂速度

可以從「美國利率下降」與「日本利率上升」這 2 個層面來看。美國若加速降息，不管日本升息與否，日圓可能都會被推升；但若美國這邊的利率不動，單純用日圓升息這個角度來說，影響可能不像市場一般預估得這麼大。

日本上一次升息已經是 2007 年的事情，當時是從 2006 年 7 月起開始升息，但日圓仍緩步貶值至 2007 年 6 月才開始升值；同期間美國也並未進一步升息，而是將利率維持在 5.25%。可以知道，並非日本升息，就肯定會帶動日圓走揚。

而且 2024 年這次日本央行的主要說法，是「經濟穩定」且「通膨有望維持 2%」後，才會開始脫離負利率環境，也就是從負的 0.1% 往上升。如果日本央行很保守的話，只升 0.1 個百分點也是一個合理的選擇，這個幅度是否符合市場期待也是一個問號。

重點2》日本央行與市場溝通的方式

這點很重要。由於日本央行的行長植田和男自 2023 年 4 月上任後，除了作風意外保守外，還有一點是很願意提前讓投資市場知道他想做什麼，例如要適度放寬 10 年期公債殖利率控制區間，或是準備上調通膨預期等，這些經驗上很容易造成市場波動的事件，他都會提前告知，給投資人預先準備。

所以假如在正式升息前 1、2 個月就給予投資人充分的預期，很容易在事先消化後讓市場焦點轉向。例如日本雖然可望升息，但美國經濟更好，所以可能會出現「日圓先升值一段時間後，受美元翻揚影響而重回貶值趨勢」等變化，所以單純想投資日圓的投資人，不見得能在升息題材上獲得充分的獲利機會。

歐元》3面向評估走勢
有利長線布局

在美元指數中占最大組成的歐元,近2年(2022年~2023年)也出現了久違的快速升息。歐元區在2022年7月開始升息後,基準利率很快從零升至4.5%,但歐元一時之間並未能逆轉從2021年初以來的貶值趨勢,自升息時的1歐元兌1美元左右的價位,先貶至近20年低點的1歐元兌0.953美元之後,才開始反攻(詳見圖1)。

但這一波反攻的主因,其實也不是歐元升息帶來的影響,而是美國升息預期放緩造成美元快速回落所推升。歐元一度在2023年7月見到1.1276美元的波段高點,但截至2024年1月也還未能站穩1.1美元大關,表示歐元雖脫離弱勢,但距離強勢走升還有很大的空間。就長線的角度來說,我們應該怎麼評估歐元未來趨勢呢?

影響歐元的主要面向有 3 個：1. 歐元區內部的團結、
2. 歐元區與美國的相對強弱、3. 貨幣政策的動向。

面向1》歐元區內部的團結

這一點最關鍵，不過這屬於較為長期的影響因素。平
時主要出現在各國領袖或是央行行長間的意見不同，畢
竟歐元區是要以單一貨幣與單一利率來應對各種不同的
經濟體，各國本身產業結構與經濟成長速度都不同，自
然容易引發意見分歧。

有一種說法是歐元本身就屬於有缺陷的貨幣，但我認
為，即使如此也是值得嘗試的做法，因為利用同一個貨
幣來解決跨國跨文化與跨語言的貿易衝突，有助於團體
之間的溝通與共同應對危機的能力，也可以推動歐元
區內的人力與資源流動。如果遇到像美國前總統川普
（Donald Trump）這樣採取孤立主義的領導者，就特別
需要整個區域的內部貿易與經濟活動支撐成長。

不過，歐元區的統合目前依然時常出現爭議，更早之

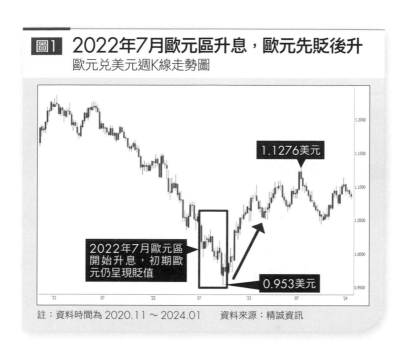

圖1 **2022年7月歐元區升息，歐元先貶後升**

歐元兌美元週K線走勢圖

> 1.1276美元

> 2022年7月歐元區開始升息，初期歐元仍呈現貶值

> 0.953美元

註：資料時間為 2020.11 ～ 2024.01　　資料來源：精誠資訊

前的經驗是在 2010 年左右開始的歐洲債務問題，體質較差的義大利等國，其國債因為歐元而可以享受到較低的借貸利率；但隨著債務壓力開始擴大，就開始被投資人拋售而引發債務危機，當時歐元區也因此瀕臨解體。

近一點則是 2022 年起的升息循環，當德國與法國等經濟較穩定的市場想主導升息控制通膨時，經濟表現較

差的國家又可能因為升息導致衰退壓力大增;加上利率升高推動債務負擔加大,所以內部矛盾再次浮上檯面。好在歐洲央行(ECB)已有經驗,透過了債務穩定機制壓下風險,但並不表示歐元區內部紛爭就此結束。

面向2》歐元區與美國的相對強弱

再來是歐元區與美國之間的相對強弱。畢竟 2 個市場都是成熟市場中最大型的經濟體,對於投資人來說是較為安全的市場,無論是股市或債市都是較能對比的商品。而歐元占美元指數的權重最大,當歐元走升時美元也自然容易走貶,因此是能夠互相吸引熱錢的市場。

面向3》貨幣政策動向

最後是貨幣政策動向,則決定了哪個市場的收益更吸引人,就像是在歐元區升息時,美國升息的速度更快,美元就可能是升勢更強的貨幣;反過來,當市場認為美國升息快到底,但歐元還可以持續升息時,歐元的表現就可以比美元更強。

　　上一次歐元區降息的時間是從 2011 年 11 月起一路降至 2016 年 3 月，基準利率從 1.5% 降至 0%，而絕大多數降息幅度都在 2011 年至 2014 年間完成，我們就回頭來看看這段期間歐元的走勢吧！

　　2011 年 11 月歐元區降息前，歐元兌美元當月高點大概在 1.41 美元附近，隨著降息及當時的歐債危機，打擊了市場對於歐元的信心，使歐元一路往下走貶至 2012 年 7 月的 1.204 美元價位才停下，隨後就展開了一波反攻（詳見圖 2）。

　　而在 2014 年 9 月歐元區降息至 0.05% 時，歐元還有近 1.3 美元的匯價，代表後期市場對於降息的反應已經不大。

　　可能大家會有一點疑惑，為何歐元在 2012 年 7 月能這麼快見底反攻？主要原因是當時歐債危機延燒時，投資市場其實不擔憂歐元降息，重點放在質疑歐元區是否可能解體導致歐元消失。而時任歐洲央行行長的德拉吉（Mario Draghi）表態會不惜一切代價支撐歐元的穩定，

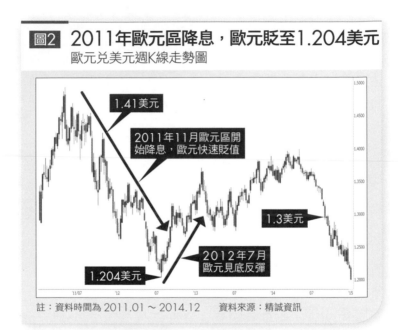

圖2 **2011年歐元區降息，歐元貶至1.204美元**
歐元兌美元週K線走勢圖

1.41美元

2011年11月歐元區開
始降息，歐元快速貶值

1.3美元

2012年7月
歐元見底反彈

1.204美元

註：資料時間為 2011.01～2014.12　　資料來源：精誠資訊

金融市場相信他的能力，所以讓歐元見底反彈。這就是
我們說的歐元區內部風險導致危機問題，有時會有更大
的事件去蓋過利率升降對於歐元的影響，所以在 2012
年 7 月後，雖然歐元還是繼續降息，但歐元的反彈趨勢
走到了 2014 年初才停下。

根據以上經驗我們可以得知，歐元跟美元間有一個巨

大差異，就是歐元並非避險貨幣，在市場呈現高度震盪或前景不佳時，歐元不像美元容易因為現金為王的態勢走升，也沒有日圓這樣以去槓桿的資金回流題材推升匯價，所以更大程度上要看的，會是較短線的歐美經濟與政策間差異。

因此歐洲央行在 2024 年 1 月底的利率會議中，雖留下了降息時間未定的說法，但從德國經濟陷入低潮與整個歐元區前景不佳的環境來觀察，高利率帶來的衝擊確實已經敲響了警鐘。若後續歐元區降息的時間點與速度都比美國更快，可以推測歐元貶值的壓力也會隨之增加。

反過來，若美國降息速度較快，且沒有出現中大型金融危機的話，美元自然在少了相對高利與避險需求支撐下，可望有較大幅度的修正出現，此時非美貨幣就會有較好的表現機會，歐元就能夠有強勢發揮的表現。

4-6 人民幣》中美貿易衝突 導致匯價波動劇烈

過去透過逐漸開放外資與經濟快速發展的優勢，人民幣從 2005 年第 2 次匯率改革後一路走升（詳見知識補給站），但美元兌人民幣匯價在 2014 年 1 月來到 6.0367 元後，人民幣開始了長期走貶的趨勢。尤其在 2018 年中美貿易戰開打後，人民幣曾在 2023 年 9 月貶至 7.349 元價位（詳見圖 1），暫時也還沒看到轉折翻揚的訊號，接下來我們應該怎麼觀察後市呢？

3原因牽動人民幣升貶

影響人民幣升貶的主要原因有 3 項，分別是人民銀行（中國的中央銀行）政策、外資對中國經濟信心、中美貿易衝突，3 原因也會互相影響。近年就是以中美貿易衝突與科技戰對人民幣影響最為全面，一旦能確定解決，

人民幣就會有較大的走升空間。

原因1》人民銀行政策影響

人民銀行政策在 2020 年～ 2023 年間的影響，與一般認知「降息帶動貶值」有較大差異。主要是在這段時間，中國經濟表現不佳，降息或調降存款準備金率被視為可以提振經濟，所以出現寬鬆貨幣政策（QE）時，人民幣反而會受惠走揚的表現，而這個慣性若要改變，須等到中國經濟回到正軌。

原因2》外資對於中國經濟的信心

在外資對於中國經濟信心這一環，主要是過去中國政府在高速成長時，不想過快開放金融環境與市場，因此每次有放寬外商在中投資限制時，新的資金就快速湧入而推升人民幣匯價。

但在這幾年成長放緩與中美衝突下，即使中方改弦易轍讓外資有更大的進場機會，卻未能撐起投資與匯價，主因還是在於中國前景的不確定性。這個問題，快的話，用財政政策可以解決，也就是政府注資克服所有問題；

 中國曾實施3次重大匯率改革

中國曾實施 3 次重大匯率改革。第 1 次為 1994 年 1 月,取消 1980 年代開始的匯率雙軌制(同時存在民間匯率與官方匯率),改為只有官方管理的單一浮動匯率制度,主要盯住美元,以 1 美元兌人民幣 8.7 元為準,單日兌美元的變動幅度限制在 0.3% 以內。

第 2 次為 2005 年 7 月,人民幣不再只與美元掛鉤,改為參考一籃子貨幣價格浮動,此後人民幣開始升值。第 3 次為 2015 年 8 月,將人民幣兌美元的匯率中間價報價,改為參考前一日收盤價。

慢的話,還是得等中美衝突告一段落。

原因3》中美貿易衝突

從 2018 年左右開啟的中美貿易衝突,截至 2024 年初都還在延續中,市場並不認為,美方在這幾年築起的貿易與科技高牆會很快開放。對於 2024 年底的美國大選,無論是拜登(Joe Biden)續任或川普(Donald Trump)重回白宮,都不太可能直接取消各種禁令,所以

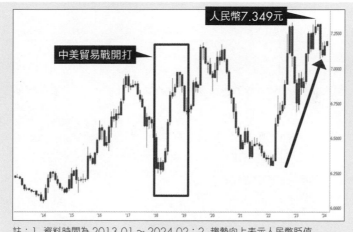

圖1 人民幣匯價在2023年9月貶至7.349元

美元兌人民幣月K線走勢圖

人民幣7.349元

中美貿易戰開打

註：1. 資料時間為 2013.01 ～ 2024.02；2. 趨勢向上表示人民幣貶值
資料來源：精誠資訊

要解決政治問題並不簡單；甚至如果美國經濟本身出現風險，很可能會讓雙方衝突進一步擴大。

當然人民幣接下來也有築底的空間跟機會，只是當2022 年～ 2024 年多數央行都在升息時，中國還是在加緊腳步處理房地產企業與金融風險，引導利率持續走低，少了過去富有吸引力的高息誘因，所以即使台灣投

資人想長期投資人民幣，也不一定有優勢。短期內若人民幣要反攻，只能期待美元本身轉為疲弱，才有機會推升人民幣匯價。

南非幣》受強勢美元影響 「高息」光環失色

　　台灣投資人一直以來都很青睞高息商品，高利率的貨幣當然也不例外。美元除了是全球貨幣市場的主流貨幣，自 2022 年起美國升息後，又多了高息的誘因，美元地位更加強勢，更受投資人喜愛。然而在 2022 年美國大舉升息之前，台灣討論度最高的高息貨幣應該就是南非幣，另外像是巴西幣、墨西哥幣與智利幣等，也是國際上知名的高息貨幣，只是台灣比較不方便投資而已。

　　而在 2008 年金融海嘯前，澳幣與紐元也曾經是高息貨幣的一員，只可惜近年來各種原因難以維持高利率，所以我們這次的重點先放在最多人熟知的南非幣上。

　　影響南非幣升貶主要原因有 4 個，分別是政治穩定度、利率高低、經濟前景與大宗商品需求等，分別說明如下：

原因1》政治穩定度

政治事件的影響重大但不會持久，因為南非畢竟屬於新興市場，在政府效能與文化影響下，比較會出現的問題是政治高層的貪汙，或是特權等影響到政權，但在大環境本身必須改革的情況下，不管是民眾還是外資都會盡快消化相關訊息，所以出問題時將帶來嚴重打擊，可是通常也能在很快的時間內度過。

例如 2018 年 2 月上任的南非總統拉瑪佛沙（Cyril Ramaphosa），以及前任南非總統朱瑪（Jacob Zuma）都有貪汙的相關事件，甚至可以說，貪汙是導致前任總統失勢的主因。即使如此，拉瑪佛沙還是度過了難關，並準備於 2024 年 5 月競選連任，雖然醜聞剛傳出時造成了政治動盪，卻沒有帶來持續性的打擊。

原因2》利率高低

而利率高低可以分成 3 個層面來討論，分別是「絕對高低」、「相對高低」，以及「與美元相比」。

①絕對高低：是否達成原先市場預期

例如原本預期升息 2 碼，結果升息 3 碼，就會有短線的南非幣買盤來支撐匯價。

②相對高低：與同性質的貨幣相比

例如都盛產大宗商品的巴西或智利等，假設他國利率更高、經濟更好，南非幣表現自然就不會強。

③與美元相比：類似用非投資等級債與美國公債相比

如果非投資等級債 1 年給 7% 利息，同天期的美國公債只給 2%，自然會有追逐高利的勇夫投入。但若在全球央行都升息的環境下，非投資等級債給 7% 利息，但同天期的美國公債給 5%，相較之下，大家多半還是寧願選擇收益略低，但風險也相對低、波動平穩許多的美債。所以 2023 年一整年，南非利率雖然持續維持高檔，但匯價依然疲弱。

原因3》經濟前景

至於經濟前景，暫時充滿不確定性。正常的狀況下，

新興市場的經濟成長速度要明顯高於成熟市場，對外資而言才具有投資的吸引力。但是長期以來，南非缺乏穩定的供電，也因為電力供應風險，企業與民間深受缺電之苦，導致經濟停滯、GDP（國內生產毛額）表現不佳，相關建設或企業的營運前景都相當糟糕。雖然政府伸手救援改革，可是要多久才能有效果還不知道，因此也沒能給予投資人太多信心，成為南非幣長期疲弱的致命傷。

原因4》大宗商品需求

最後是大宗商品需求，其實主要是話題性支撐。整體來說，南非幣與大宗商品的多空並非亦步亦趨，大宗商品雖是南非主要出口產業之一，但有時會受到如同前述的缺電，或是基礎建設不足等問題影響。投資朋友可以用大宗商品（尤其是各種金屬）需求旺盛有利南非出口這個特點來觀察，只是仍不能期待大宗商品一有表現，南非幣就一定會跟著衝高。

黃金》具保值功能
美國外匯儲備占比近7成

黃金是很特別的資產,有些投資人不喜歡黃金,因為它無法產生利息、沒有生產力、價格的成長性也不如股票資產。但是黃金的獨特價值,在世界各主要大國的資產當中仍占有一席之地。

美國是全世界持有最多黃金的國家,根據 2023 年底的資料,美國央行持有黃金約 8,133 噸,占其外匯儲備的比率高達 69.89%;其他黃金持有大國如德國、法國、義大利的黃金占外匯儲備比率,也都在 65% 以上。

黃金具有與眾不同的 4 大特性,分別是「避險商品」、「非美貨幣」、「大宗商品」與具有「抗通膨」的效果,因此在各種情況下都可能會有發揮的空間。所以雖然沒有利息,但仍是不少人喜愛投資的商品,分別如下:

特性1》避險商品

先從避險商品特性來談起，每當市場出現大幅震盪甚至是戰爭時，黃金總會有所表現。例如 2022 年 2 月 24 日，當時因為俄羅斯入侵烏克蘭造成市場震盪，金價快速從當天的每盎司 1,880 美元附近直衝到 1,973 美元，後續更是一路衝到 3 月 8 日的 2,069 美元才停下來（詳見圖 1）。

而類似的事件也在 2023 年 10 月 7 日發生，當時因為巴勒斯坦武裝組織哈瑪斯襲擊以色列，金價前一天的低點還有見到 1,810 美元，但隔天開盤就跳空衝到 1,863 美元，之後一路上漲；後續又配合美國可望開始降息等議題，再度創下歷史新高來到 2,132 美元價位。

當發生戰爭或中型以下的危機，黃金會是短線可以避險的重要商品之一。不過要再度提醒大家，如果是真正的大型危機，例如 2008 年金融海嘯或 2020 年新冠肺炎疫情爆發，在這種重大的系統性危機發生的時候，黃金也可能會遭到拋售，此時還是要回到終極避險商品

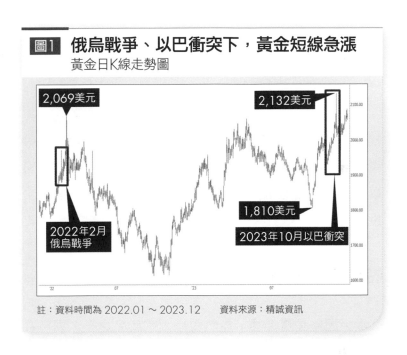

圖1 俄烏戰爭、以巴衝突下，黃金短線急漲

黃金日K線走勢圖

2,069美元

2022年2月
俄烏戰爭

2,132美元

1,810美元

2023年10月以巴衝突

註：資料時間為 2022.01～2023.12　　資料來源：精誠資訊

——美元。

特性2》非美貨幣

在非美貨幣這一項特性中，黃金由於一直都被視為貴
金屬，無論是東方或西方世界，都會將金幣或金條作為
交易媒介，所以黃金時常和美元呈現反向關係（詳見圖

2）。因此若認為美元將長期走弱時,在不想做空美元的情況下,選擇買進黃金也是一種可行的投資方式。

另外,由於投資黃金沒有辦法得到利息,在美元利率較低時影響不大,但若美元利率攀高時,自然更容易吸引投資人擁抱美元。畢竟若投資美元 1 年有 5% 利息可以收,在不知道金價是否有價差空間的情況下,將資金投入美元確實是更吸引人的選擇。

特性3》大宗商品

黃金因為是貴金屬,自然也是大宗商品之一,同時在工業上的用途也相當廣泛,只是畢竟價值較高,多數時候會用性質相近的其他金屬取代。黃金本身主要被用在價值儲存與珠寶金飾等用途上,但若金屬類商品有漲勢發動時,黃金通常也扮演著主要進攻者或受益商品。

例如 2020 年疫情時,隨著各國快速降息帶動大宗商品狂飆,金價也在第一波上漲的商品當中。再往前看,從 2002 年到 2007 年與金融海嘯過後的大宗商品爆發

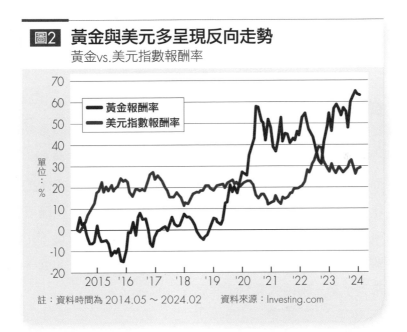

圖2 黃金與美元多呈現反向走勢

黃金vs.美元指數報酬率

註：資料時間為2014.05～2024.02　　資料來源：Investing.com

潮中，黃金都沒有缺席。

特性4》抗通膨

黃金需要被開採才能產出，加上製造成金飾或相關物件後，流動性就會下降許多，相對於美元幾乎是美國政府想印多少就印多少，黃金自然屬於稀缺商品。因此在

美元浮濫而購買力下降的高通膨時代，黃金就能發揮抗通膨的特性而保持價值。

從2方向投資黃金

　　雖然黃金有這 4 大特性，但並非都會同時發揮效果，而是要看市場現在的焦點落在何處。例如黃金在 2020 年 1 月 2 日時低點落在每盎司 1,516 美元，當時隨著疫情持續擴大，在美國經濟生變與股市下殺的環境下，避險情緒讓金價在同年 3 月初順勢攀升到 1,702 美元，來到了第一階段的高點（詳見圖 3）。

　　但接下來隨著疫情失控，全球金融市場出現系統性危機，導致黃金也被拋售，所以在短短 1 週內，迅速下跌至 1,451 美元的當年最低點。

　　不過，接下來的發展也相當戲劇性，隨著聯準會（Fed）快速降息，甚至祭出無限量 QE（量化寬鬆貨幣政策），加上技術面底部型態完成後，就開啟了黃金的一波大多頭，一下就從 2020 年 3 月中的低點衝到 8 月初的

圖3 疫情爆發後美國降息，開啟黃金大多頭

黃金日K線走勢圖

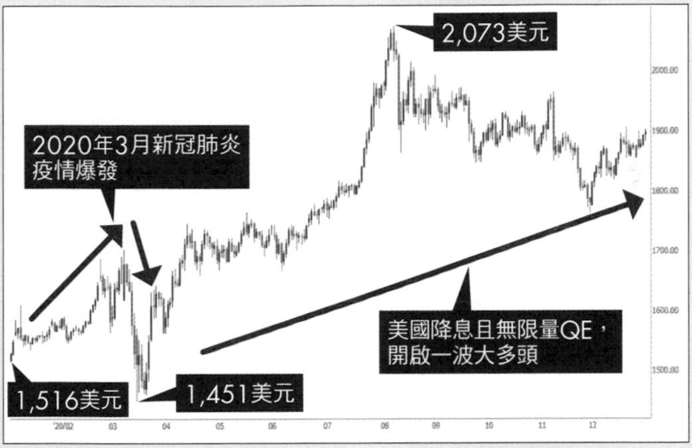

2020年3月新冠肺炎
疫情爆發

2,073美元

1,516美元　　1,451美元

美國降息且無限量QE，
開啟一波大多頭

註：資料時間為 2020.01.02 ～ 2020.12.31　　資料來源：精誠資訊

2,073 美元。

如果想要將黃金作為其中一項投資工具，有 2 個思考
方向：

方向1》長期投資累積部位

長期投資是將黃金作為資產的一部分，那麼可透過黃

金存摺或黃金撲滿模式，慢慢累積部位。

方向2》短期投資賺價差

　　黃金價格要上漲，還是需要有題材來發動，因此想要短期投資用價差空間來獲利，重點就在於「找出現在投資市場最關注的方向」，並且在題材將結束時適時獲利了結。

Note

附錄1

美國重要經濟數據
公布時間表

本書介紹美國多項重要經濟指標，為了幫助你快速查閱，以下用月曆為示意圖，標示各項經濟指標的預期公布日期（為美國時間），你也可如法炮製，自行記錄在個人的行事曆內，提醒自己每月留意最新的指標表現。

Sunday	Monday	Tuesday	Wednesday	Thursday	Friday	Saturday
	ISM製造業PMI 每月第一個交易日 1	2	3	4	**就業數據** 每月第一個週五 5	6
7	8	9	**CPI（消費者物價指數）年增率** 約每月10日～13日 10	11	12	13
14	15	16	零售銷售 每月中旬 17	18	19	20
21	22	23	24	25	**PCE物價指數年增率** 每月最後一個週五 26	27
28	29	30	註：本表僅為舉例，實際上每月份的週末日期 　　不同。另若遇國定假期或其他特殊情形， 　　則改至鄰近之工作日公布			

　　除了 ISM 製造業 PMI 指標須從美國供應管理協會網站查詢最新數值之外，其餘指標皆可從聯準會經濟資料庫（FRED）網站查看最新數據及歷史趨勢，以下提供快速查詢網址如下：

ISM製造業PMI
（美國供應管理協會製造業採購經理人指數）

輸入右側網址或掃描QR Code，可進入美國供應管理協會網站，首頁點選「Supply Management News & Reports」→「ISM Report on Business」；進入新頁面後點選「Manufacturing PMI」中的「View Report」即可看到最新報告揭示的數值。相關步驟另可參閱1-5

www.ismworld.org

公布時間：每月第一個交易日

時間表：輸入右側網址或掃描QR Code，可查看ISM製造業PMI預計公布時間表

www.ismworld.org/supply-
management-news-and-
reports/reports/rob-report-
calendar

2024年公布日：1/3、2/1、3/1、4/1、5/1、6/3、7/1、8/1、9/3、10/1、11/1、12/2

接續下頁

就業市場數據1
美國失業率
輸入右側網址或掃描QR Code，可
直接進入聯準會經濟資料庫網站，查
看美國近1年失業率

fred.stlouisfed.org/
graph/?g=1fFJ9

公布時間：每月第一個週五

就業市場數據2
美國非農就業人口變化
輸入右側網址或掃描QR Code，可
直接進入聯準會經濟資料庫網站，查
看美國近1年美國非農就業人口變化

fred.stlouisfed.org/graph/?g=1hqYC

公布時間：每月第一個週五

時間表：輸入右側網址或掃描QR
Code，可查看美國勞工統計局就業
指標公布時間表

2024年公布日：1/5、2/2、
3/8、4/5、5/3、6/7、7/5、
8/2、9/6、10/4、11/1、
12/6

www.bls.gov/schedule/news_release/
empsit.htm

CPI（消費者物價指數）年增率

輸入右側網址或掃描QR Code，可
直接進入聯準會經濟資料庫網站，查
看美國近1年CPI年增率

fred.stlouisfed.org/graph/?g=1hqZ0

公布時間：約每月10日～13日

時間表：輸入右側網址或掃描QR
Code，可查看美國CPI公布時間表

2024年公布日：1/11、2/13、
3/12、4/10、5/15、6/12、
7/11、8/14、9/11、10/10、
11/13、12/11

www.bls.gov/schedule/news_release/
cpi.htm

總零售銷售年增率

輸入右側網址或掃描QR Code，可
直接進入聯準會經濟資料庫網站，查
看美國近1年總零售銷售年增率

fred.stlouisfed.org/graph/?g=1hr35

公布時間：每月中旬

接續下頁

時間表：輸入右側網址或掃描QR Code，可於美國商務部人口普查局網站，查看零售銷售數據公布時間表

2024年公布日：1/17、2/15、3/14、4/15、5/15、6/18、7/16、8/15、9/17、10/17、11/15、12/17

www.census.gov/retail/release_
schedule.html

PCE物價指數年增率
輸入右側網址或掃描QR Code，可直接進入聯準會經濟資料庫，查看美國近1年PCE物價指數年增率

公布時間：每月最後一個週五

fred.stlouisfed.org/graph/?g=1hqZB

時間表：輸入右側網址或掃描QR Code，即可進入美國經濟分析局網站，查看「Personal Income and Outlays」（個人收入與支出）項目之發布時間

2024年公布日：1/26、2/29、3/29、4/26、5/31、6/28、7/26、8/30、9/27、10/31、11/27、12/20

www.bea.gov/news/schedule

Note

附錄2

美國GDP公布時間表

美國的 GDP（Gross Domestic Product，國內生產毛額）數據，通常會在季度（3月、6月、9月、12月）結束後隔月（即4月、7月、10月、隔年1月）公布第1次估算初值，第2個月第2次公布修正值，第3個月則公布實際值。公布日通常是當月最後一個週四，若遇假日則提前擇日公布。讀者可參考下表，右頁並附上2024年預計公布日期。

美國近1年GDP年增率
輸入右側網址或掃描QR Code，即可直接進入聯準會經濟資料庫（FRED），查看美國近1年GDP年增率

fred.stlouisfed.org/
graph/?g=1hqZS

第1次估算 （Advance Estimate）	第2次估算 （Second Estimate）	第3次估算 （Third Estimate）
1月 去年第4季及 全年度初值 2024年1月25日	**2**月 去年第4季及 全年度修正值 2024年2月28日	**3**月 去年第4季及 全年度實際值 2024年3月28日
4月 第1季初值 2024年4月25日	**5**月 第1季修正值 2024年5月30日	**6**月 第1季實際值 2024年6月27日
7月 第2季初值 2024年7月25日	**8**月 第2季修正值 2024年8月29日	**9**月 第2季實際值 2024年9月26日
10月 第3季初值 2024年10月30日	**11**月 第3季修正值 2024年11月27日	**12**月 第3季實際值 2024年12月19日

註：資料日期 2024.01.25　　資料來源：U.S. Bureau of Economic Analysis（BEA）

美國GDP指標發布時間表
輸入右側網址或掃描QR Code，即
可進入美國經濟分析局網站，查看
「Gross Domestic Product」項目之
發布時間

www.bea.gov/news/schedule

附錄3

匯率基礎常識

　　「匯率」是 2 種不同的貨幣相互買賣的價格，用來表示 2 種貨幣的等值關係。以美元和新台幣為例，常見的匯率表現方式為「USDTWD」，意思是 1 美元要用多少新台幣兌換。

　　假設是「USDTWD：31.565」，我們會說美元兌新台幣 31.565 元，意思是「1 美元要用新台幣 31.565 元兌換」。放在前方的 USD 為「被報價幣」，後方的

USDTWD：31.565 ◀ 1美元兌新台幣31.565元

　　　　　　　　　▶ 報價幣：TWD（新台幣）

　　　　▶ 被報價幣：USD（美元）

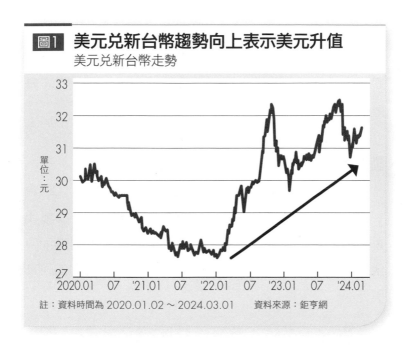

圖1 美元兌新台幣趨勢向上表示美元升值

美元兌新台幣走勢

註:資料時間為 2020.01.02 ～ 2024.03.01　　資料來源:鉅亨網

TWD 則為「報價幣」,匯率表示方式的意思就是 1 單位的被報價幣等於多少單位的報價幣。前後也可以互換,例如 TWDUSD,但是慣例上不會如此報價。

　　多數人常只說美元跌或美元漲,事實上必須要精確說出美元兌哪一國貨幣漲跌,才能真正表示美元相對於該國貨幣的走勢。例如圖 1 是 2020 年以來,美元兌新台

幣的走勢圖，2022 年初為 1 美元兌新台幣約 27.632 元，2023 年 11 月初為 32.484 元，就可以說，這段期間美元兌新台幣從 27.632 元升值到 32.484 元，升值幅度達 17.5%，相對而言新台幣則是貶值。

匯率的表示方法

　　一般來說，匯率會報到報價幣最小單位的 1/100 為 1 點，而每 100 點稱之為 1 大點。例如美元 USD 最小單位為分（0.01 美元），其 1/100 即為 0.0001 美元，所以用美元報價時，匯率每跳動 1 點，便是跳動 0.0001 美元。

　　以 EURUSD（歐元兌美元）為例：

　　EURUSD 由 1.0625 上升到 1.0626 → EUR 漲了 1 點。
　　EURUSD 由 1.0625 上升到 1.0725 → EUR 漲了 100 點（1 大點）。

　　由於日圓與亞系貨幣通常幣值較小，如日圓只到元，其報價只會到小數點以下 2 位。

以 USDJPY（美元兌日圓）為例：

USDJPY 由 148.33 上升到 148.38 → USD 漲了 5 點。
USDJPY 由 148.33 上 升 到 150.33 → USD 漲 了
200 點（2 大點）。

雙向報價

外匯報價方式是由報價者（一般是銀行）報出，通常
會同時報出高與低 2 種價位，依慣例會先報出較低價格
（銀行買入價），再報出較高價格（銀行賣出價）。

以 USDJPY（美元兌日圓）為例：

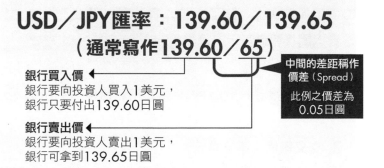

USD／JPY匯率：139.60／139.65
（通常寫作139.60／65）

銀行買入價
銀行要向投資人買入1美元，
銀行只要付出139.60日圓

銀行賣出價
銀行要向投資人賣出1美元，
銀行可拿到139.65日圓

中間的差距稱作
價差（Spread）
此例之價差為
0.05日圓

國際外匯慣用報價方式

外匯報價方式可分成直接報價、間接報價、交叉報價 3 種：

1. 直接報價：美元為報價幣

直接報價就是將「美元當成報價幣」，來表示其貨幣價值。慣例上只有 4 種貨幣採直接報價，分別是歐元、英鎊、澳幣、紐元，例如：

EURUSD 報 1.0625 ➡ 1 歐元換 1.0625 美元

2. 間接報價：美元為被報價幣

間接報價就是將「美元當成被報價幣」，來表示其貨幣價值。慣例上，除了上述 4 種直接報價貨幣，其他貨幣皆以間接報價表示，例如：

USDTWD 報 31.565 ➡ 1 美元換新台幣 31.565 元

3. 交叉報價：不含美元

交叉報價就是不含美元的報價方式，基本上只要報

價幣與被報價幣中不含美元，就屬於交叉報價，像是
AUDJPY（澳幣兌日圓）、JPYTWD（日圓兌新台幣）、
CHFJPY（瑞士法郎兌日圓）等。以 ZARTWD（南非幣
兌新台幣）為例：

ZARTWD：1.65 ➡ 1 南非幣兌新台幣 1.65 元

　　現行台灣的銀行匯率報價方式皆以新台幣為報價幣，
也就是說，除了 USDTWD 以外，皆為交叉報價，可參
考圖 2。

圖2　台灣的銀行皆以新台幣為報價幣

以臺灣銀行匯率表為例

幣別	實體現鈔交易匯率		帳戶中外幣之交易匯率	
	現金匯率		即期匯率	
	本行買入	本行賣出	本行買入	本行賣出
美金 (USD)	31.17	31.84	31.495	31.645
港幣 (HKD)	3.879	4.083	4	4.07
英鎊 (GBP)	38.72	40.84	39.615	40.245
澳幣 (AUD)	20.14	20.92	20.355	20.7
加拿大幣 (CAD)	22.78	23.69	23.11	23.44
新加坡幣 (SGD)	22.87	23.78	23.34	23.56
瑞士法郎 (CHF)	35.04	36.24	35.65	36.04
日圓 (JPY)	0.2002	0.213	0.207	0.212
南非幣 (ZAR)	-	-	1.601	1.691
瑞典幣 (SEK)	2.66	3.18	2.99	3.11
紐元 (NZD)	18.8	19.65	19.13	19.43
泰幣 (THB)	0.7483	0.9383	0.8577	0.9037
菲國比索 (PHP)	0.4953	0.6273	-	-
印尼幣 (IDR)	0.00168	0.00238	-	-
歐元 (EUR)	33.35	34.69	33.865	34.465
韓元 (KRW)	0.0219	0.0258	-	-
越南盾 (VND)	0.00104	0.00145	-	-
馬來幣 (MYR)	5.59	7.11	-	-
人民幣 (CNY)	4.279	4.441	4.346	4.406

❶範例1：當你想用帳戶裡的新台幣買美元時，要看美元的「本行賣出即期匯率」，顯示31.645元，則銀行每賣給你1美元，你要支付新台幣31.645元

若你想將帳戶裡的美元換成新台幣，則要看「本行買入即期匯率」，顯示31.495元，代表每1美元只能拿回新台幣31.495元

❷範例2：當你想跟銀行買日圓現鈔，要看日圓的「本行賣出現金匯率」，顯示0.213元，意思是銀行每賣你1日圓現金，你要支付給銀行新台幣0.213元，因此買1萬日圓現鈔就要支付0.213×1萬日圓＝新台幣2,130元

註：資料時間為 2024.02.27　　資料來源：臺灣銀行

Note

技術分析基礎知識

　　我在觀察金融商品的趨勢時，多是採取基本面分析為主，不過，當有需要配合短期走勢來擬定操作策略時，技術分析也是我常用來搭配的工具。

　　技術分析是透過歷史價格走勢，幫助我們了解金融商品目前的價格位置，並判斷可能的變化方向。在台灣，技術分析使用的圖形，最常見的是「K線圖」，幾乎所有提供線圖的資訊平台都能找到。以下就幫助大家建立看懂K線圖需具備的幾項基礎知識：

認識K線

　　簡單來說，K線是每天交易價格的紀錄，每根K線是由每天成交的4種價格構成，分別是開盤價、收盤價、當日最高價、當日最低價（詳見圖1）。因為外型與蠟

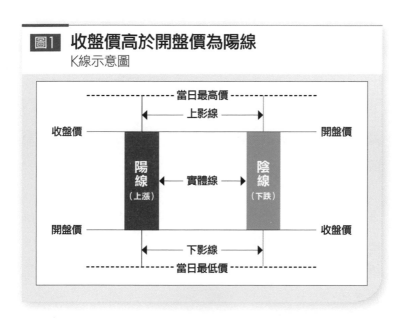

圖1 收盤價高於開盤價為陽線
K線示意圖

燭相似，在海外的資訊平台當中也被稱為「Candlestick Chart」（蠟燭圖）。

K線的解讀方式相當簡易，以顏色來區分收漲或是收跌。以台灣市場來說，紅色是漲（收盤價高於開盤價，稱為陽線）、綠色是跌（收盤價低於開盤價，稱為陰線）。收盤價與開盤價之間的柱狀體稱為「實體線」。若是陽線，實體線的上緣為當日收盤價，下緣為當日開盤價；

陰線則是實體線上緣為開盤價，下緣為收盤價。

有時候會看到實體線之上或之下出現線段，實體線之上的線段稱為「上影線」，上影線的頂點為當日最高點；實體線之下的線段則為「下影線」，下影線的末端則為當日最低點。

要注意的是，雖然台灣市場習慣以紅色代表上漲、綠色代表下跌；但是在外匯與國際市場則通常以紅色為跌，綠色為漲，透過海外投資網站查詢 K 線圖就會發現這種差異。

日K線、週K線、月K線

K 線圖可以呈現不同的資料頻率，上述的 K 線基本介紹是以「日 K 線」為主，指每根 K 線代表每一個交易日的交易價格，由日 K 線構成的日線圖，可以很清楚看到每一日的價格走勢。

若想查看日期範圍更長的價格走勢，但是同一個螢幕畫面容納不下範圍太長的日期區間，則可切換為「週K

線」，每根Ｋ線代表每一週的交易價格，例如每根週Ｋ
線的上影線頂點代表當週的最高價，下影線末端為當週
最低價，若當週收漲呈現為陽線，那麼這Ｋ線的實體線
上緣就是當週的收盤價，下緣為當週開盤價；「月Ｋ線」
的每根Ｋ線則代表每月的交易價格，依此類推。

連線圖

我們也會在新聞報導或書中看到只有一條曲線的圖形，
這是單純以「收盤價」連成的「連線圖」，特點在於可
以除去一切其他不需要的資訊，只專注於呈現收盤價所
建構出的型態，但就看不到盤中曾出現的價格變化。

例如圖２為美元兌新台幣的連線圖，資料頻率為日線
圖，是由每個交易日的美元兌新台幣收盤價連線而成。
可以看出圖中顯示的期間內，出現過的最高單日收盤價
為１美元兌新台幣 32.483 元，最低價為 30.7 元。

Ｋ線外型

1. 長陽線買方力道強，長陰線賣方力道強

長陽線、長陰線，指的是Ｋ線沒有上下影線，只有實

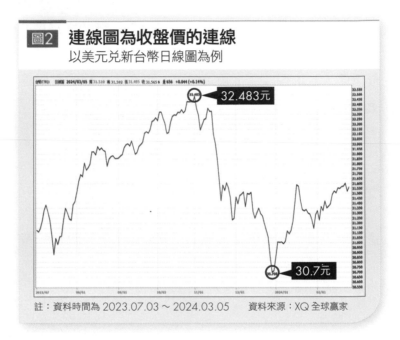

圖2 連線圖為收盤價的連線
以美元兌新台幣日線圖為例

32.483元

30.7元

註：資料時間為 2023.07.03～2024.03.05　　資料來源：XQ 全球贏家

體線。以陽線來説，沒有下影線代表開盤價就是最低價，沒有上影線代表收盤價就是最高價。而當開盤價與收盤價差距愈大，Ｋ線的實體線就會愈長，也就是所謂的「長陽線」，意味著買方力道強勁，開盤後買方追價，最後收盤在當日最高價。

以陰線來説，沒有下影線代表收盤價就是最低價，沒

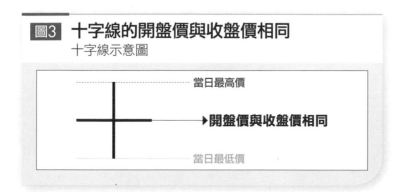

圖3　**十字線的開盤價與收盤價相同**
十字線示意圖

當日最高價

開盤價與收盤價相同

當日最低價

有上影線代表開盤價就是最高價。當開盤價與收盤價差距愈大，實體線就會愈長，成為「長陰線」，代表由賣方主導情勢，開盤後就只有跌價，最後收在當日最低價。

實務上，出現這 2 種 K 線，則表示後續有很大的機會將繼續往同方向發展，例如長陽線很可能在下一日續漲，長陰線則可能續跌。

2. 十字線常是變盤訊號

十字線指的是開盤價與收盤價相同，因此沒有實體線，但盤中仍有最高和最低價形成的上下影線，使得這個 K 線看起來像是一個十字的形狀（詳見圖 3）。

　　實務上，若是開盤價與收盤價差距極小（占總波動 3%
以內），使得實體線極短，也可彈性將這根 K 線視為十
字線。出現十字線表示買賣雙方其中一方可能無力再攻，
因此有可能是變盤的徵兆。

　　十字線根據上下影線的樣貌也有不同的意義，圖 4 中
A ～ E 這 5 根 K 線，分別表示賣方力道強至弱，也就是
繼續下跌的機率由大至小。

　　以賣方力道最強的 A 來看，買方曾經強力抵抗，因此
盤中出現了很長的上影線；但最終無法取得優勢，所以
收盤價壓回原點開盤價；實務上是強烈的下跌暗示，代
表賣方的賣盤已完全消化買方的力量。

　　買方力道最強的 E 則正好相反，這顯示盤中曾有強大
力量下跌，但在收盤之前已經被消化完全，因此接下來
走升的機會較大。

　　大家也要留意，若是在有漲跌幅限制的市場，則須注
意 A 與 E 是否是因已到漲跌幅極限，所以呈現此型態，

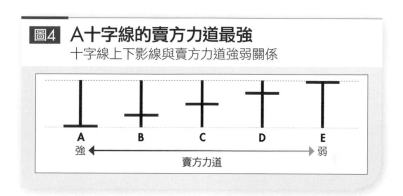

圖4 A十字線的賣方力道最強
十字線上下影線與賣方力道強弱關係

以避免誤判買賣雙方力道。

上升趨勢、下降趨勢

當 K 線處在價格上升趨勢時，線型的方向是由左而右逐漸往上。上漲過程中，價格雖然不一定會天天漲，但是在上漲過程中即使出現下跌，也不會破壞上升的趨勢。在上漲過程中的低點連線，視為上升趨勢的支撐線，只要價格不跌破支撐線，就有機會維持上漲格局。

反之，當 K 線處在下降趨勢時，線型是由左而右逐漸向下，即使過程中有反彈，也不易反彈超越每波高點連成的壓力線。當價格不再繼續下跌，回升突破壓力線後，

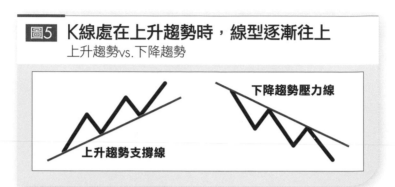

圖5 K線處在上升趨勢時，線型逐漸往上
上升趨勢vs.下降趨勢

才有機會回到上漲格局（詳見圖5）。

頭部型態、底部型態

當K線上漲至某個重要關卡，遇到賣盤形成壓力而無法繼續創新高，就要觀察是否會形成「頭部」，當頭部形成，就會開始反轉下跌。

反之，當K線處在下跌趨勢，直到跌無可跌時，通常會進入一段時間的盤整（跌不破支撐線，也漲不過壓力線的狀態），這段盤整時間就稱為「打底」，而當價格向上突破，「底部」正式形成，就有很大的機會開啟新一波上漲趨勢。

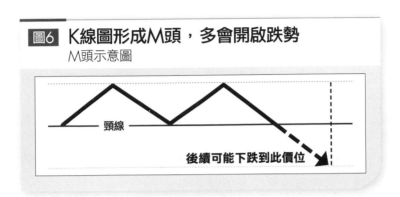

圖6 K線圖形成M頭，多會開啟跌勢
M頭示意圖

　　這裡提到的「頭部」、「底部」，是技術分析裡所謂「型態學」的範疇。依據K線的型態，我們可以簡單看出價格是否獲得支撐，或是否突破了新的區間，藉此作為是否可望上攻或可能下跌的基本判斷。而頭部和底部出現時，多半都是所謂的反轉型態，也就是轉折的一個關鍵點，分別說明如下：

1. 頭部型態

　　有很多種類型，常聽到的有「雙重頂」（M頭）、「頭肩頂」……等。就以最常出現的M頭為例（詳見圖6），是指價格漲到最高點後回落，接著可能嘗試繼續上攻，但無法再創高點而又下跌。

從最高點回落的低點所畫出的水平線稱為「頸線」，是一個重要的支撐線，若價格向下跌破頸線，則 M 頭正式形成，開始展開跌勢，且可能會有頭部至頸線的等幅跌幅。

若是價格並未跌破頸線，代表價格有所支撐，可觀察後續是否會繼續盤整後繼續上漲。

2. 底部型態

常見的有「雙重底」（W 底）、「頭肩底」、「V 型底」……等。當價格下跌到一個程度，遇到買盤支撐，就不會再下探，開始進入打底的過程。

以常出現的 W 底為例（詳見圖 7），當價格跌到最低點後反彈到一個壓力點，漲不上去又向下跌，這個無法突破的壓力價位為「頸線」。若後續價格能突破頸線，代表底部完成，接著通常會展開一波漲勢，且可能會有底部至頸線的等幅漲幅。

交易市場中，多數投資人的行為會隨著行情波動而不

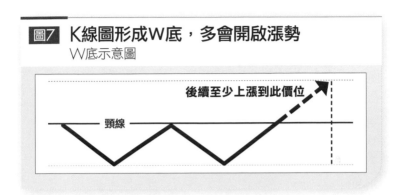

圖7 K線圖形成W底，多會開啟漲勢
W底示意圖

> 後續至少上漲到此價位
> 頸線

斷改變，在由上漲行情主導的多頭市場中，只要敢進場就很容易獲利。但是慢慢的，會有人開始懷疑行情能否持續，並選擇獲利了結，漲勢因此停滯。

而當多數人都認同價位應該到此為止，價格自然會開始下跌。直到市場中多數人又開始認為價格相對便宜所以紛紛進場，則會轉而促使價格上漲。

技術分析主要是分析過去的歷史，並根據經驗法則做出預測，因此常被批評為事後諸葛，也會常有一些例外。不過，多數技術分析反映的其實就是市場投資人的集體行為，我認為仍有重要的參考價值，只是不需要過度依

賴。整體來說，無論是股市，或是外匯操作，建議還是
要以大環境及基本面作為主要的判斷主軸，技術分析就
作為價格走勢的輔助觀察即可。

Note

國家圖書館出版品預行編目資料

李其展教你搞懂經濟再投資 : 學會重點經濟指標,輕鬆判斷股匯債投資方向/李其展(大佛)著. -- 一版. -- 臺北市 : Smart智富文化, 城邦文化事業股份有限公司, 2024.03
　面； 公分
ISBN 978-626-98272-3-7(平裝)

1.CST: 經濟指標 2.CST: 投資分析

550.19　　　　　　　　　　　　113002683

Smart 智富
李其展教你搞懂經濟再投資

作者	李其展（大佛）
主編	黃嫈琪

商周集團
執行長	郭奕伶
總經理	朱紀中

Smart 智富
社長	林正峰（兼總編輯）
總監	楊巧鈴
編輯	邱慧真、施茵曼、林禺盈、陳婕妤、陳婉庭、蔣明倫、劉鈺雯
協力編輯	曾品睿
資深主任設計	張麗珍
封面設計	廖洲文
版面構成	林美玲、廖彥嘉

出版	Smart 智富
地址	115 台北市南港區昆陽街 16 號 6 樓
網站	smart.businessweekly.com.tw
客戶服務專線	（02）2510-8888
客戶服務傳真	（02）2503-6989
發行	英屬蓋曼群島商家庭傳媒股份有限公司城邦分公司

製版印刷	科樂印刷事業股份有限公司
初版一刷	2024 年 3 月
ISBN	978-626-98272-3-7